세 평 진료실에서 철학 숲과 미술 정원을 산책하다

나는 왜 불안한가

— 주 웅 식 —

세 평 진료실에서 철학 숲과 미술 정원을 산책하다

나는 왜 불안한가

인간사랑

차례

들어가는 말

가을부터 조금씩 적어 내려간 글이 해를 넘겨서야 책 한 권 분량의 원고가 되었다. 게으른 탓도 있고 작은 의원을 운영하는 탓에 저녁 시간 잠시만을 글쓰기에 할애할 수 있는 시간적 제약 때문이기도 했다. 어쨌든 나의 글을 세상에 내보인다는 것이 꽤 두렵다.

미술과 철학을 연결해 보고 싶었다. 열 명의 미술가와 세 명의 철학자를 소환해 보았다. 우리의 삶과 철학은, 또 우리의 삶과 미술은 어떻게 이어지고 연결되고 있는지 전문가가 아닌 일반인의 문체로 풀어보고 싶었다. 개인적으로 읽은 철학서들과 미술서들은 어렵거나 관념적이었다. 나의 구체적 삶의 모습은 멋진 그림이나 현란한 철학 이론 앞에서 초라하고 비루하게 느껴진다. 내가 출근하고 돈을 버는 것과 철학은 대체 무슨 관계가 있는 것인가? 매일매일 쏟아지는 정치나 주식, 부동산 뉴스와 미학은 무슨 관계가 있는가? 그런 학문은 나의 삶과 무슨 연관성이 있는가?

냉전과 독재의 시대가 지나갔다. 새로운 시대이다. 다양성과 개성이 존중받는 시대가 올 것이라 기대했지만, 개인은 거대담론을 더욱 무비판적으로 받아들이고 비슷한 소비형태를 집단적으로 추종함으로써 집단성, 동일성이 더욱 강화되는 몰개성의 시대가 열리고 있다. 나와 다름에 대해서 증오하고 공격하는 사회적 폭력은 무형의 형태로 확산되고 있다. 우리 사회가 다시금 실존에 대해 관심을 가져야 할 때가 아닐까?

개원의로 지낸 세월이 17년이다. 무수히 많이 만났던 환자 중 가슴 아픈 사연을 가진 이들이 꽤 많았다. 아니, 많다는 표현은 적절하지 않다. 우리 모두 아픔을 안고 살아가는 존재가 아닌가. 사람과의 관계가 나를 아프게 한다. 사랑하는 사람도, 미워하는 이들도 나를 힘들게 한다. 우리는 통증을 무시하거거나, 고통을 다른 즐거운 것들로 대신하며 잊어버리려 애쓴다. 그래도 불쑥불쑥 우울감이 찾아온다. 다른 이들의 삶은 다 행복해 보이는데 나만 왜 이런가? 무엇이 나를 위로해 줄까? 그럴 때 미술과 철학은 나의 등을 감싸줄까? 십여 개의 에피소드로 예술과 삶과 철학을 연결해 보았다. 내용의 거친 전개를 철학이나 미술 방면의 전문가들은 부디 용서해주시고, 부족한 글을 독자들은 재미있게 읽어 주시기를 바랄 뿐이다.

죽음의 섬

아르놀트 뵈클린

죽음과 함께 살아가는 하이데거의 현존재

아르놀트 뵈클린(1827~1901)

바다 한가운데 암벽으로 둘러싸인 섬의 중앙으로 고요히 배가 나아간다. 작은 선착장이 나타나고 그 뒤는 막힌 공간이다. 나무의 짙은 그림자 탓인지 뒤는 마치 끝없이 뚫려 있는 무한의 공간처럼 보인다. 이승은 끝났다. 그 너머에는 무엇이 있는 것일까? 비현실적으로 자란 커다란 나무들이 만든 숲은 섬 뒤에 펼쳐진 망망대해와 함께 공(空)의 공간을 상징하는 듯 보인다. 흰옷을 입은 망자는 상념에 사로잡힌 채 섬을 향해 나아간다. 곧 그는 선착장의 계단을 따라 어둠으로 둘러싸인 무한의 어디론가 사라질 것이다. 나는 누구인가? 나는 어디에서 왔는가? 나는 어디로 가는가? 실존의 세 물음 중 마지막 물음의 해답을 그는 곧 얻을 듯하다.

스위스의 상징주의 화가인 아르놀트 뵈클린은 죽음 이후 저승으로 가는 경계를 건너는 망자의 모습을 이렇게 그렸다. 이 그림이 그리스 신화의 재현이라면 뱃사공은 카론(Charon)일 것이며 배경은 스틱스 강(The river Styx)이 될 것이다. 이 그림이 플라톤의 세계관이라면 이곳은 레테라는 이름의 강이다. 기본적으로 그리스의 세계관은 윤회론적이다. 현실에서 살던 인간은 죽어서 진리의 세계인 이데아로 진입한다. 그리고 이데아의 세계에 머물다 다시 인간으로 태어나는데 이 새로운 태어남의 여정 중간에 레테의 강을 건넌다. 그 때 이데아의 세계에서 알고 있던 모든 진리를 망각하게 된다. 그러다 현생의 삶을 살며 조금씩 조금씩 이데아의 세계에 대한 기억이 되돌아오면서 삶의 진리를 깨닫게 되는데 플라톤은 이것을 '상기'라고 했다. 플라톤의 상기설에 대한 증명은 다음과 같다.

그의 스승이었던 소크라테스가 한 번도 글이나 배움을 접하지 못했던 노예에게 몇 가지 질문을 했는데 그 질문과 답을 찾는 과정에서 노예는 진리에 가까운 해답에 자연스럽게 접근하였다. 소크라테스는 이런 현상은 노예가 이미 진리를 접해보지 않았다면 불가능하다고 생각했다. 이렇게 레테(망각)는 진리의 이데아와 이데아의 짝퉁인 현실을 가로막는 경계이다. 고대 그리스어로 진리를 뜻하는 단어가 a(부정 접두어)-lethe-ia(즉 레테를 거치지 않는 것)라는 것은 이러한 이유이다. 진리의 세계에 있던 우리가 태어나면서 망각의 강을 건너며 비진리의 세계로 들어서는 것이다. 플라톤의 현실과 이상세계가 분리되어 있다는 이러한 이원론(이러한 현 세계를 초월하는 어디인가에 이상세계가 따로 존재한다는 이론을 '형이상학적 이원론(形而上學的 二元論)'이라고 부른다.)은 이후 중세의 기독교 철학(하느님의 세상과 인간 세상의 이원론)의 플랫폼이 된다. 근대 데카르트의 영혼과 육체의 이원론 또한 플라톤의 영향이라 할 수 있겠다. 죽음과 삶을 분리해 생각하는 경향은 이렇듯 뿌리가 깊다.

뵈클린은 '죽음의 화가'로 불렸을 만큼 죽음을 주제로 많은 그림을 그렸다. 그가 유독 자신의 아이를 많이 잃어서일까? (그는 12명의 아이가 있었는데 그중 6명이 어릴 때 목숨을 잃었다고 한다. 이 그림 역시 피렌체에서 그가 딸을 잃은 직후 그린 그림으로 알려졌다.) 그런 개인적인 이유도 있겠지만, 상징주의의 유행은 당시의 사회상과도 관계가 깊다. 당시 산업혁명의 여파로 먹을거리가 부족한 농촌에서 일손이 많이 필요한 도시로 대규모의 루럴 엑소더스(농민의 도시로의 대거 이탈)가 벌어졌다. 농촌 인구 다섯 명 중 한 명만 고향에 남고, 나머지 서너 명이 도시로 이주했다고 하니 도농 간 인구 분포가 얼마나 급격히 바뀌었는지를 미루어 알 수 있다.

농촌을 떠나 도시로 유입된 이들은 분업으로 인해 단순해진 노동에 복무했다. 그들은 과거 농민으로서의 정체성을 부여해주고 삶에 방향타가 되었던 익숙한 공동체적 사고방식과 농민으로서의 생활방식으로부터 분리된 채 낯선 도시환경 속에서 살았다. 잠자는 시간을 제외한 거의 모든 시간을 단순하고 반복되는 작업에 몰두해야만 했다. 농촌의 삶에 적응된 육체가 갑자기 노동자의 육체로 바뀌었다. 땅을 고르고, 씨를 뿌리고 수확의 기쁨을 누리던 몸이 갑자기 볼트, 너트를 조립하거나 망치질을 하거나 재봉틀을 돌리는 몸으로 바뀐 것이다.

비가시적인 것을 그리다.

매일매일 부모로부터 사랑받는 아이와 그렇지 못한 아이가 있다고 가정해보자. 사랑받는 아이는 얼굴이 밝다. 매사에 적극적이고 주위에 관심이 많다. 길거리에 핀 꽃이나 지나가는 강아지에 관심이 많고, 걷다가 마주친 이웃 어른들에게도 인사를 잘할 것이다. 그렇지 못하고 부모의 무관심 속에서 자라거나 학대를 받는 아이는 어떨까? 그는 아마 길거리에 핀 꽃에도 지나가는 강아지에도 별 관심이 없을 것이다. 지나가며 만난 이웃 어른들을 잘 알아보지도 못한다. 그는 멍하게 하늘을 보며 천당이나 지옥이 있을까? 내가 죽으면 어디로 가는 것일까? 악마나 천사는 진짜 있는 것일까? 등의 생각에 사로잡히거나 집안의 어두운 구석에 앉아 멍하게 시간이 지나가기만을 바랄 것이다. 고통과 고난의 삶을 사는 이는 그런 상태에서 자신을 정신적으로 방어하기 위해서라도 땅 위의 삶보다 하늘 위의 삶을 동경한다. 혹은 죽음을 동경하거나 광적으로 신에 매달리기도 한다. 현재의 삶을 긍정하지 못하고 지나간 과거로의 회귀를 꿈꾸기도 한다. 퇴행이라는 정신과적인 방어기제가 그런 메커니즘일 것이다. 비슷한 맥락에서 복고풍이 유행하는 것은 현재의 삶이 만만하지 않다는 것을 의미할 수 있다. 아무튼, 19세기가 끝나가던 세기말, 유럽 사회의 예술 충동은 두 방향으로 나아간다. 추상 충동과 상징주의. 상징주의는 결국 어두운 현실을 현실에서의 이탈이나 관념으로의 회귀로 회복해 보려는 정신적 태도의 산물이다. 상징주의의 주제는 죽음, 환각, 판타지, 에로티시즘 등이다. 크게 구분하자면 에로스적 충동과 타나토스적 충동으로 나눌 수 있는데 이는 프로이트의 쾌락 충동, 죽음 충동과 정확하게 일치한다. 프로이트 이전에 예술에서는 프로이트의 무의식의 특징들이 이미 발현되고 있었다.

미술사적으로 상징주의는 사실주의·인상주의·과학주의에 대한 반발에서 생겨났다. 당시 '사실적인 것으로'는 마르크스주의적 진보 예술의 강령이었으며 상징주의는 삶의 구체성을 희석하고 모호한 태도로 현실의 모순을 은폐하는 '반동적인 것'으로 여겨졌다. 그런 이유로 진보적인 태도의 예술가들은 상징주의를 시대를 역행하는 운동으로 파악했다. 그러나 백여 년이 지난 지금, 여전히 예술의 가장 진지한 주제는 죽음과 섹스이다. 오히려 과거의 것이 된 것은 마르크시즘에 기반을 둔 사회주의적 리얼리즘이다. 현실을 직시하며 삶의 본질이 가시적이고 현상적인 것에 있다는 유물론적 입장만이 진보적이며 그러한 진보가 인간의 삶을 풍요롭게 하는 유일한 방법일까? 죽음을 생의 본질적인 것으로 생각한다는 것이 과연 권력에 대한 저항을 무디게 하는 복종의 요인으로 작동하는 반동적인 것일까? 답은 간단하지 않다. 죽음은 쉼 없이 질문을 생성한다. 대부분 질문이 없는 쪽이 쉽게 복종한다.

버킷리스트

잭 니콜슨과 모건 프리먼이 주연을 한 〈버킷리스트〉(죽기 전에 꼭 해보고 싶은 일들의 목록)라는 영화에는 이런 대화가 나온다.

– 고대 이집트인들은 죽음에 관한 멋진 믿음이 있었다는 거 아나? 영혼이 하늘에 가면 말이야, 신이 두 가지 질문을 했다고 하네. 그 대답에 따라 천국에 갈지 말지가 정해졌다고 하지.

– 알았어, 뭐였는데?

– 첫 번째 질문은 살아가면서 참다운 인생의 기쁨을 느낀 적이 있느냐? 라네.

– 음… 그래? 두 번째는 뭔가?

– 자네 인생이 다른 이들에게 그런 참다운 인생의 기쁨을 인겨준 적이 있느냐? 라고 묻는다네. 자네는 어떤가? 대답해 보게.

– 잘 모르겠어… 사람들이 어떻게 생각했을지.

우리는 항상 죽음을 생각하고 살지는 않지만, 어느 정도는 죽음을 '염두에 두고' 살아간다. 인간이 죽지 않는 불사조의 존재라면 두 번째 질문은 중요한 문제가 아니다. 끝없는 삶이 나를 기다리고 있는데 나를 반성하거나 뒤돌아볼 이유가 없는 것이다. 그냥 하고 싶은 대로 하면서 살면 된다. 종교와 철학 역시 죽음을 매개로 해서 생겨난 것이다. '죽음 이후'의 시간이 존재하지 않는데 굳이 신을 호출할 이유가 어디 있겠는가? 끝없는 현재를 즐기면 그만이다. 죽음은 윤리와 철학, 종교를 창조한 위대한 발명가이다. 그래서인지 죽음을 앞두고 당신은 어떤 선택을 할 것인가? 죽음 이후에 지금의 삶에서 무엇이 남을 것인가? 등등 죽음을 소재로 현생의 삶의 가치를 드러내려는 격언들은 술집 담벼락에, 삼류 에세이에, 잡지의 칼럼에 너무나 많이 등장한다. 〈버킷리스트〉라는 영화 역시 죽음을 앞둔 노인 두 명이 죽기 전에 해보고 싶은 일을 실행하며 벌어지는 해프닝을 재미있게 구성한 영화이다. 죽음이란 것은 우리에게 가까운 것 같으면서도, 가까이하기 싫은 것이기도 하며, 삶에 큰 영향을 미치기도 하는 중요한 무엇임에는 틀림이 없는 것 같다. 많은 철학자 중에 죽음이라는 주제에 가장 가까이 다가간 이는 독일의 마르틴 하이데거일 것이다.

마르틴 하이데거(1889~1976)

우리는 아침에 일어나 등교나 출근을 하고, 그날 하루의 일을 열심히 하고, 식구들이나 연인과 저녁을 먹고, 영화나 TV를 보거나 수다를 떨고는 잠자리에 든다. 그리고 다음 날도, 그다음 날도 그런 일상을 보내며 비슷비슷한 모습으로 사회생활을 한다. 그런 우리는 왜 존재에 대해 생각을 해야 할까? '존재'에 관해 생각한다는 것은 어떤 의미일까? 일상 속에 파묻혀 있을 때 우리는 존재에 대해서 신경 쓰지 않고 산다. 그러나 가끔 존재에 관한 질문이 생겨난다. '난 여기서 뭘 하고 있는 거지?' '난 여기에 왜 있는 거지?' '내가 이렇게 계속 살아도 괜찮을까?' 하이데거는 이를 '존재적 질문'이라고 한다. 하이데거는 우리가 사는 일상에서 채워지지 못하는 질문들이나 물음들이 가리키는 곳에 '존재에 대한 질문'이 있다고 한다. 보통 존재라고 하면 '어디 어디에 있다.'라는 뜻이다. 그러나 하이데거는 어디 어디에 있는 것은 존재의 일부라고 이야기하며 '그것이 무엇으로 있는가?'에 대한 질문을 던져야 한다고 말한다. 이것은 무슨 말일까?

본래적인 삶, 비본래적 삶

그래서 하이데거의 '실존'(하이데거의 개념에서는 사전적인 '실제로 거기 있음'이라는 뜻이 아니다.)은 인간의 '있음'이라는 것이 단지 그냥 '눈앞에 있음', '눈앞에 보이니까 있다고 하는 것'이 아닌 '~~을 하기로' 혹은 '~~의 의지로 부여되어 있음'을 말한다. 즉 그가 '무엇으로 존재하기'를 '결단' 내리고 있는가 하는 그의 '존재 가능성'이 중요하다. 그러므로 실존에서 중요한 것은 자신의 죽음으로 앞서 달려가 자신의 '존재 가능성' 아래에서 하나의 가능성을 택해서 결정을 내려 자기가 되기로 마음먹은 그 '존재 가능'을 지금 여기서(결단) 실현해 나가며 존재해 나가는 것이다. 좀 어렵게 느껴질지 몰라도 하이데거는 이러한 삶을 '본래적인 삶'이라 한다.

다시 영화 〈버킷리스트〉로 돌아가 보자. 카터(모건 프리먼)는 갑작스레 찾아온 병으로 병원에 입원한 어느 날, 대학 신입생이던 시절 철학 교수가 죽기 전에 꼭 하고 싶은 일, 보고 싶은 것들을 적은 버킷리스트를 만들라고 했던 일을 떠올린다. 하지만 46년이 지나 모든 꿈을 접고 자동차 정비사가 되어있는 그에게 버킷리스트는 이제 잃어버린 꿈의 쓸쓸한 추억일 뿐이다. 사업가인 에드워드(잭 니콜슨)는 돈 안 되는 것에는 관심이 없다. 인수 합병이나 골프나 고급 와인 같은 것 외에 자신이 진실로 원하는 것이 무엇인지 생각할 겨를도 없이 살아왔다. 에드워드와 카터는 같은 병실을 쓰게 되고, 너무나 다른 두 사람이지만 서로에게서 중요한 두 가지 공통점을 발견하게 된다. 살아오면서 나의 삶에 대하여 돌아보고 정리할 시간이 없었고, 또 남은 시간이 많지 않다는 것. 의사의 만류에도, 둘은 병실을 뛰쳐나간다. 둘은 영원히 죽지 않을 것처럼 생각하고 살아왔다. 우리도 그렇게 살고 있다. 카터는 생활고 때문에, 에드워드는 탐욕으로, 세상이 모두 원하는 돈을 벌며 살았다. 그들이 갑자기 변한 이유는 조만간 닥칠 죽음을 의식했기 때문이다. 영화적인 설정이라 이들의 변화는 급작스럽지만, 현실의 우리는 때때로 죽음을 감지하고 산다. 앞서 말한 대로 전혀 억지스럽지 않게 인류의 종교, 철학, 윤리. 예술은 '죽음'의 결과물이라 단언할 수 있다.

하이데거 이전의 철학에서 '존재한다'는 '병실에 누워있는 두 노인이 있다'이다. 병실에 두 노인이 '존재'하고 있는 것이다. 그리고 학문은 존재를 분석한다. 사회학적으로는 백인 남자와 흑인 남자, 미국인, 부자와 가난한 자, 병든 자. 과학적으로는 물과 지방과 단백질로 이루어진 합성체, 유기물. 남은 수명은 얼마 정도. 곧 무기물로 변할 예정. 하이데거는 이러한 기존의 존재론을 비판한다. 그의 '실존'은 죽음을 앞둔 존재로서 '무엇으로 존재하기'에 대한 선택과 매 순간 마주치고 결단하고 실천하는 존재이다. 마치 죽지 않을 것처럼 살아왔던 두 노인이 죽음을 앞두고 다른 삶을 살아보는 것에 대한 '결단'을 내리듯이 말이다.

그러나 현실적으로는 우리가 하이데거의 말처럼 매 순간 죽음을 염두에 두고 어쩌고 하며 진지하게만 살 수는 없다. 우리는 대부분 죽음의 그림자 바깥에서 세상이 그저 시키는 대로 열심히 돈을 벌기 위해 일하고, 일을 마치면 모여 수다를 떨고, 쇼핑을 하거나, 정치를 논하고, 교회에 가고, 술을 마시며 낄낄거린다. 그것은 그냥 '거기에 있는 삶'('병실에 누워 있는 두 노인'처럼)이다. '무엇으로 존재하기'를 '결단'하는 삶이 아니다. 자신의 '존재 가능성'

을 망각한 삶이고, '퇴락'한 삶이다. 답답한 일이긴 하지만 인간은 대개 스스로 결단을 내리지 않는다.

나의 '존재 가능성'은 대부분 우리가 그렇듯 남이 나에게 정해주는 '존재 가능'을 받아들이고 그것에 현실적인 것이라고 이름을 붙이고 거기에 맞추어 살아간다. 이렇게 자기 자신으로 존재하는 것을 스스로 결정하지 않고, '그들'(나 외부의 세상 혹은 그 세상에서 통용되는 가치 기준)이 지정해주는 '존재 가능'을 적극적으로 또 당연하게 받아들이는 존재 양태를 '비본래적 양태'라고 말한다. 인간은 대개 이러한 '그들'의 세계 속에서 안주하며 안락함과 포근함을 느낀다. '그들'이 이야기하는 문법이 나의 문법이 되고 '그들'의 윤리를 나의 윤리로 내면화시킨다. 내가 그들을 따라서 살아갈 때 우리는 서로에게 정상적으로 잘살고 있다고 이야기한다. 그러다가 영화의 두 노인처럼 죽기 직전에야 다른 삶을 꿈꾸고 결단하는 삶을 살려고 한다. 즉 인간은 '죽음'이라는 것을 통과해야만 '자신의 고유한 존재 가능성'을 찾을 수 있고 '본래적인 삶'에 가까이 갈 수 있다.

긍정성, 부정성

현대를 사는 우리의 삶을 한번 둘러보자. 우리가 '무엇으로 존재하기'를 '결단'하고 있는가? 우리의 '존재 가능성'을 '결단' 속에서 찾고 있는가? 아니면 '그들'이 던져주는 문법과 공식에 맞춰 하루하루를 보내며 여기에 '그냥 있음'으로 있는가? 우리의 삶에 죽음의 그림자가 드리워져 있나 살펴보자. 대부분 죽음을 입에 올리기 꺼린다. 죽음을 마주 보지 않는다. 그러한 태도는 우리가 삶의 긍정성만을 강조하는 시대를 살고 있다는 증거이다. 게으름, 무능력, 어둠, 싫어요, 아픔, 병듦, 늙음, 죽음 같은 단어를 떠올려보자. 어떤 느낌인가? 이것은 우리 삶의 일부분이지만 부정성의 영역에 있는 것들이다. 기쁨, 즐거움, 환호, 맛있음, 좋아요, 사랑 같은 단어를 떠올려보자. 어떤 느낌인가? 이것은 긍정성의 영역에 있는 것들이다.

긍정성과 부정성은 동전의 양면과 같다. 긍정성이 부정성의 영역보다 들을 때 기분 좋고 마음이 편해지는 것은 사실이다. 그러나 긍정성만을 중요하게 생각하고 부정성을 무시하거나 나쁜 것으로 인식할 때 문제는 생긴다. 친구들을 만나 여행 이야기, 맛집 이야기, 다이어트 이야기, 드라마 이야기 등을 잔뜩 주고받은 뒤 무언가 고갈되고 헛헛한 느낌이 들지 않는가? 모임에 가서 누가 돈 번 이야기, 부동산 이야기, 주식 이야기 등의 생산적인(?) 이야기만 오고 가는 자리에 있으면 피곤하고 뭔가 허무하다. 반대로 친구와 이야기하던 중 나도 모르게 안 좋은 나의 개인사나 부정적인 이야기를 잔뜩 늘어놓았는데 뜻밖에 친구도 비슷한 고민을 하고 있다는 얘기를 들으면 가슴속이 따뜻해지고 충만해지는 느낌이 든 적은 없는가? 우리 삶의 한 부분인 부정성을 무시하는 삶은 균형을 잃어버린 반쪽 삶이다.

19세기 말 유럽에서 유행했던 상징주의는 21세기 초를 살아가는 우리에게도 유효하다. 19세기 말의 노동자는 분업으로 인한 파편화된 노동을 마치고 자신이 만든 상품인지도 모르는 상품이 진열된 쇼윈도에 정신이 팔렸다. 21세기의 노동자는 자신의 삶을 한껏 예쁘게 포장하여 자신을 SNS에 전시한 후 받는 '좋아요'에 열중한다. 즉물성(卽物性)의 시대이다, 죽음을 생각하라는 하이데거는 백 년 후를 살아가는 우리에게 어떤 질문을 하는 것일까? 어디를 쳐다보며 살라고 이렇게 말을 걸고 있는 것일까?

아르놀트 뵈클린의 다른 그림 엿보기

〈피들을 연주하는 사신과 있는 자화상〉

뵈클린의 그림은 후대에 많은 영향을 끼쳤다. 먼저 프로이트의 무의식을 기반으로 한 미술사조인 초현실주의에 큰 영향을 주었다. 조르조 데 키리코, 막스 에른스트, 살바도르 달리 등의 초현실주의 화가들은 상징주의 화가들의 주제를 많이 빌렸다. 또한, 작곡가 라흐마니노프는 그의 그림을 보자마자 감명을 받아 〈죽음의 섬〉이라는 교향시를 작곡했었다고 한다. 히틀러는 특히 뵈클린을 좋아해서 뵈클린의 회화를 무려 11점이나 소유했다고 알려졌다. 물론 죽음의 섬을 포함해서. 이번에는 그의 자화상을 보자.

죽음의 신이 잘 차려입은 화가의 곁에서 악기를 연주한다. 그러나 사신의 입이 화가의 귓가에 있는 것으로 보아 무슨 이야기를 건네고 있는지도 모르겠다. 화가의 시선이 묘하다. 죽음에 살짝 머리를 기울이고 있는 것으로 보아 분명 그는 죽음을 의식하고 있다. 그러나 그의 시선은 정면을 향한다. 그러면서 눈으로는 직접 죽음을 쳐다보지 않는다. 이렇게 표현하면 말이 될지 모르겠지만, 그는 '죽음을 의식하지 않고 있는 척하며 죽음을 의식'하고 있다. 이는 약 반세기 후 하이데거라는 철학자가 말한 '실존'의 삶과 정확히 포개진다. 우리는 의식하든 의식하지 않든 어쨌든 죽음을 염두에 두고 결단하는 삶을 살아가는 존재라는 그의 실존에 대한 정의는 뵈클린이 한 장의 그림으로 이미 표현해 놓은 것인지도 모르겠다.

지금이야 개원의로서 가벼운 질환을 앓는 환자들을 주로 진료하지만, 의사들은 대부분 대학교 소속의 부속병원에서 수련의를 겪으며 죽음에 가까운 위중한 환자들을 많이 접한다. 산부인과를 전공했던 나도 여성생식기 암으로 고생하는 환자들의 주치의를 많이 맡았었다. 지금 돌이켜보면 그런 환자들의 행동이나 말에 특별한 기억이나 별다른 점은 없었던 것 같다. 대부분 성실하게 치료에 임했고 밤마다 항암제가 주는 고통에 겨워 병실 복도를 힘겹게 돌아다니다가도 투약을 마치고 퇴원할 즈음에는 밝은 얼굴이 되어 인사를 했다. 처음에는 그냥 원래 성실했던 분들이 꼬박꼬박 빠지지 않고 항암치료를 감내하는 것으로 생각했다. 그런데 환자들은 (항암치료는 한두 달 간격으로 5~6 사이클로 시행된다. 한 번 입원하면 3~5일 정도를 병실에서 지내게 되는데 그때 입원 절차부터 환자의 모든 처방과 퇴원까지를 수련의가 담당하게 되니 이런저런 이야기를 나누게 된다.) 암 선고를 받고 본인이 전과 다르게 성실하게 변했다고 한다. 직장 다닐 때도 규칙적인 생활이 체질에 맞지 않고 방종하게 살던 편이었는데 암 선고 이후 매사 꼼꼼히 일정을 챙기고 규칙적으로 시간을 보내는 것이 본인이 생각해도 신기하더라는 이야기다. 그것은 죽음이 준 변화이다. 평소에는 꽤 무시하던 죽음의 목소리가 가까이서 들리는 것이다. 마치 뵈클린의 그림처럼.

우리가 사는 시대에는 죽음의 그림자를 보기 힘들다. 예쁘게 치장하고 화려하게 입고 멋있게 행동하고 활력 넘치게 말하는 긍정성의 시대이다. 그러나 반대로 우울증 환자나 자살자의 수는 넘쳐나는 아이러니의 시대이다. 이 아이러니의 심층을 잘 들여다보면 사실 아이러니가 아닌 어떤 인과관계가 감지되는 자연스러운 현상임을 알 수 있다. 부정성은 긍정성 못지않게 인간에게 꼭 필요한 것들이다. 우리는 좌절에서 일어남을 배우고 비판에서 새로운 시각에 눈뜨며 외로움에서 존재의 본질을 깨닫고 죽음 앞에서 삶의 경건성과 진지함을 되찾는다. 과다한 긍정의 시대에 그림자는 없다. 그 그림자 안에서 인간은 깊은 내면으로 내려갈 수 있는데 그 기회를 박탈당하거나 스스로 억압시켜버리면 긍정의 피로에 지쳐 우울감이 찾아온다.

옛말 그른 것 없다. 비 온 뒤 땅이 굳고 움츠려야 멀리 뛸 수 있다. 병에 걸려야 회복이라는 과정을 겪을 수 있다. 그래서 니체는 병듦과 몰락을 찬양했다.

〈페스트〉

검은 옷을 입고 피골이 붙어버린 듯 시체 같은 자가 커다란 날개를 펄럭이는 괴물의 등에 올라타 있다. 죽음의 신 타나토스가 지상으로 나온 듯한 이는 손에 낫을 든 채 무자비하게 사람들을 해치고 다닌다. 갓 결혼한 듯 새하얀 신부복을 입은 순결한 처녀가 쓰러져 있고, 그녀의 주위로 그녀의 가족인 듯 다른 이들도 함께 쓰러져 있다. 예고도 없고 이유도 모르는 채 사람들은 갑자기 죽음을 맞이한다. 뵈클린은 이 그림의 제목을 〈페스트〉라 붙였다. 중세의 시계가 저녁을 알리던 14세기. 사람들은 교회에 모여 기도를 하고 신에게 간절히 기도했지만 신은 응답하지 않았고 페스트는 1347년부터 1351년까지 약 4년간 2,500만여 명의 목숨을 앗아갔다(이때 유럽의 인구는 대략 1억 명이었다.) 역병으로 인구가 감소하고 신에 대한 믿음이 전염병을 퇴치하지 못하자, 사람들은 신에 관한 관심을 서서히 인간 자신에게 돌리기 시작했다. 페스트가 중세의 몰락을 가져오게 되는 어떤 방아쇠 역할을 하였음은 분명한 것 같다. 뵈클린은 1889년 인도 뭄바이에 창궐한 페스트에 관한 신문기사를 읽고 이 그림을 그렸다고 하는데 그가 이십 년 정도 후에 이 그림을 그렸다면 제목을 '스페인 독감'으로 붙이지 않았을까 하는 생각을 해본다.

병균처럼 사람을 해하거나 죽이는 위력을 가진 인간도 있다. 그들은 우리 주위에서 제법 친숙하고 온화한 얼굴을 하고 있다. 헛된 망상을 그럴듯한 이야기 구조로 만들어 유포시키는 사이비 교주나 사이비 정치인들 혹은 돈에 대한 욕망을 이용하여 거짓 정보를 참으로 둔갑시켜 서민의 호주머니를 털어가는 경제범들 모두 자신의 이익을 위해 무차별적으로 사람들에게 위해를 가하는 병균 같은 존재들이다. 그들은 돈과 권력을 훔쳐내기 위해서 먼저 사람들의 믿음을 훔친다. 내 주변에 다단계 사기에 전 재산을 날린 친척분들이 몇 명 있다. 누가 봐도 의심스러운 그런 이야기를 왜 믿었느냐고 물어보면 대부분 '그때는 귀신같은 무언가에 씐 듯했다'라고 이야기를 한다.

그러나 사실 그 '씐 것'은 다름 아닌 당하는 이들 스스로 가진 욕망이다. 인간은 욕망하는 존재이기에 사기를 당한다. 사기꾼은, 그러니까 욕망의 구조를 잘 알고 있는 셈이다. 사이비 교주는 인간의 노예근성을 잘 이해하는 이들이고(스피노자는 '인간은 마치 노예 상태가 자신들의 자유가 되기라도 하듯 그것을 얻기 위해 투쟁한다.'고 했다.), 사이비 정치인은 인간의 권력욕과 복종 욕구를 잘 읽어내는 인간들이며, 사이비 경제범들은 인간의 돈에 대한 욕망을 잘 읽어내는 이들일 것이다. 이 그림의 악마는 페스트처럼 사람을 죽이는 병균일 수도 있고 사람을 홀리는 사기꾼들일 수도 있을 것이다. 전염병이나 사이비들이나 사람들 사이를 이간질하고, 서로 미워하거나 증오하게 하며, 사람들을 공포에 몰아넣는다는 점에서 공통점이 있다. 인문학과 철학을 자주 들여봐야 하는 또 하나의 이유는 그것이 욕망의 방향을 바람직한 곳으로 향하게 해주기 때문이다.

슬픔에 찬 노인, 영원의 문에서

빈센트 반 고흐

존재의 허무를 채워주는 시간. 시간성을 상실한 현대인의 삶

빈센트 반 고흐(1853~1890)

빈센트 반 고흐는 대단한 열의를 가진 화가였고 포기를 모르는 성격의 소유자였지만 성격은 내성적이고 소심한 편이었다. 다른 이를 탓하기보다는 자신을 먼저 책망하는 유형이었던 것 같다. 1888년, 고흐는 평소 존경하던 고갱을 수 개월간의 편지 구애(?) 끝에 프랑스의 작은 마을인 아를에 있는 자신의 작업실로 초대한다. 위험한 동거의 시작이었다. 외로움과 고독을 잘 타는 이 예술가는 고갱과 함께 지내면 작업도 같이하고 예술의 영감도 서로 나누면서 외로움을 달랠 수 있을 것으로 생각했던 것 같다. 개인의 바람과 현실 사이에는 간극이 있다. 나이가 들며 삶의 경험이 쌓여 간다는 것은 그 간극을 점차 줄여나가는 것이다. 물론 경험이 많더라도 그것을 재평가하여 시행착오를 줄이는 과정으로 바꾸지 못하는 이들은 나이만 들었지 계속 아이로 남기도 한다. 고흐도 생활적인 면에서는 어리고 순수하기만 했던 것 같다. 피를 나눈 가족도 좁은 공간에서 함께 살기 어려운데 고흐는 친하지도 않고 성격도 정반대인 고갱을 작업실로 불렀다. 그 끝이 어떻게 되었을지 예측하기는 어렵지 않다. 외로움은 혼자일 때 차라리 견딜 만하다. 누군가와 함께 있음에도 외로운 이의 시간은 고통스럽게 흘러간다.

이들이 함께 생활한 11월 초에서 12월 말까지는 20일이 넘게 비가 내렸다. 함께 작업에 몰두하며 서로의 작업에 조언도 하고, 상대에게 초상화를 헌정하기도 했지만, 좁은 공간에서 겨울비에 갇힌 두 예술가는 점차 답답함을 느끼게 된다. 고갱은 자주 술에 취해 들어와서 고흐에게 욕설을 퍼붓고 술주정을 했다. 고흐도 시간이 흐르며 같이 언성을 높이는 일이 잦아졌다. 1888년, 크리스마스 분위기에 한껏 세상이 들떠 있던 12월 23일. 둘의 갈등은 최고조에 달했고 흥분한 고흐는 면도날을 들어 고갱의 목에 들이댔다. 고흐의 광기에 위협을 느낀 고갱은 도망치듯 짐을 싸서 고흐의 작업실을 나가버린다. 그리고 고흐는 스스로 귀를 잘라버린다. 이때부터 고흐는 극심한 우울증과 망상에 시달리게 되지만 그의 아름다운 그림들은 대부분 이때 그려진다. 그리고 2년 뒤, 그는 심한 우울증에 시달리다 스스로 목숨을 끊는다. 그 소식을 들은 고갱은 얼마 뒤 남태평양의 섬 타히티로 떠난다.

두 천재적인 예술가의 공동작업은 두 달여 만에 끝이 나지만, 그 둘의 짧은 만남은 후대에 길이길이 기억된다. 오히려 이별 이후에 고흐는 명작을 많이 만들게 되며, 고갱 역시 고흐의 죽음을 전해 들은 후 남태평양으로 건너가 그의 새롭고 독특한 화풍을 새롭게 정립하게 된다. 비극은 이 두 예술가에게 영감의 자양분으로 작용했던 것일까? 이 작품 역시 1890년 고흐가 죽기 전 요양병원을 퇴원하며 남긴 작품이다. 작품에 등장하는 노인은 아드리아누스 야코부스 자더란드라는 노인으로, 전쟁 참전으로 인한 후유증을 겪고 있었다고 한다. 고흐는 8년 전 자신이 그렸던 노인의 석판화를 다시 꺼내어 위의 그림을 그렸다고 한다. 당시의 고흐를 떠올려본다면 이 그림은 노인을 그렸다기보다 자신의 우울을 그린 자화상에 가까운 그림이 아닐까 생각된다. 노인의 옷은 푸르게 표현되어 있다.

우울증

우울증은 흔히 마음이 앓는 감기라고 말하기도 하고 죽음에 이르는 병이라고 표현되기도 한다. 잘 관리하면 별다른 문제 없이 감기처럼 금방 회복되지만, 증상을 무시하거나 잘못 다루면 자칫 큰 화를 부를 수도 있다. 전공이 산부인과라 주로 여성 질환을 다루기는 하지만 환자들과 상담을 하다 보면 우울증에 빠진 환자들을 꽤 자주 만나고 가끔은 증상이 심한 환자들과 이야기하다 보면 간혹 섬뜩함을 느낄 때도 있다. 그럴 때는 될 수 있으면 이야기를 길게 끌고 가는 편이다. 어떠한 이야기든 환자와의 대화 자체가 증상의 완화에 도움이 된다고 들었기 때문이다. 사십 대 중반 정도로 보이는 그녀가 진료실로 들어설 때 먼저 눈을 마주쳤다. 눈. 우울증에 깊게 빠진 환자들의 눈은 너무나 고요하다.

그녀는 표정 없이 의자에 앉았다. 얼굴을 마주하는 순간 그녀의 눈이 아무 곳도 응시하고 있지 않음을 알았다. 그녀는 마치 물의 표면에 얼굴을 반쯤 묻고 깊은 물길 속을 들여다보듯, 나와 나의 등 뒤 어디쯤 사이에 큰 웅덩이라도 있는 듯 초점 없이 그곳을 바라보았다. 나는 그 웅덩이 속을 헤엄치는 물벌레가 된 듯한 느낌이 들었다. 그녀는 천천히 그녀의 증세를 이야기했다. 방광염과 질염이 동반되어 있었다. 최근의 스트레스로 면역력이 저하된 듯 보였다. 증상의 원인으로 스트레스를 지목하자 그녀는 본인의 이야기를 조금씩 해주었다.

> 최근에 너무 안 좋은 일이 많았어요. 남편이 한 달 전부터 이혼하자고 졸라요. 원래부터 사이도 좋지 않았고 그는 계속 외도를 하고 있었는데 아이가 둘 다 대학에 입학하자 아예 새로 결혼할 작정인가 봐요. 선생님 저는 아이들도 다 외지의 학교로 갔는데 남편까지 없으면 어떻게 살아요? 제가 혼자 무얼 할 수 있을까요? 최근에는 약이 없으면 잠도 못 자고 사람들도 못 만나겠어요. 그는 요즘 집에 오면 시비를 걸고 욕을 하고 물건을 부숴요. 정을 떼려고 그러는 것이겠죠? 전 사실 오랜 기간 정신과 약을 먹으며 겨우 살아왔어요. 약을 먹으면 반응이 느려지고 종일 멍하게 있는 시간이 많아요. 그래서 그런지 아이들도 엄마에게 정이 별로 없는 것 같고, 이제 저는 어떻게 해야 할지 모르겠어요.

그녀는 결혼 후 25년간 계속된 남편의 외도와 경제적 무능력, 정신적 학대를 견디었다고 했다. 둘째를 낳은 후 바로 찾아온 산후 우울증은 시간이 지나도 좋아지지 않았다. 나름대로는 아이들을 힘을 다해 키웠다고 했고, 아이들이 잘 자라주어 고맙고 아이들에게는 더 바람이 없다고 했다. 꽤 오래 눈물을 보인 후 힘이 빠진 듯 더 느릿느릿하게 남은 이야기를 마치고 천천히 진료실을 나섰다. 임상의로서 해 줄 말이 별로 없었다. 애들이 이제는 많이 컸으니 자신을 돌보는 방법을 찾아 나가면 좋을 것 같다는 조언과 검사 결과가 나오면 연락드리겠다는 인사말을 했다. 그러나 불행하게도 그녀는 검사 결과를 듣지 못했다. 며칠 후 아파트에서 스스로 몸을 던졌다고 들었다. 혹시 내가 좀 더 관심을 가졌다면 마지막 선택은 피할 수 있지 않았을까 하는 자책감이 들었다. 그러나 내 이야기를 들은 정신과를 전공한 친구는 정신과 의사가 아닌 일반의사가 중증의 우울증 환자의 무드(mood)를 변화시키기란 거의 불가능에 가깝다고 이야기했다. 난 그의 이야기를 믿기로 했다. 아니, 믿을 수밖에 없었다. 죽음은 큰일이고 내 일이 아닌 남의 일로 생각하고 살지만 실은 우리와 아주 가까운 곳에 있다. 죽음, 역시 하이데거가 떠오른다.

존재와 시간

1. 존재

하이데거의 철학에서 존재는 '세계 속의 던져져 있는' 존재이다. '그렇게 주어져 있다'라고 표현한 만큼 존재 그 자체에 '어떠한 의미'는 없다. 본인의 선택과 의지와 관계없이, 태어난다는 것은 무방비로 기존의 세계에 던져진다는 것이다. 〈메이즈 러너〉라는 영화가 있다. 이 영화는 주인공이 영문도 모른 채 엘리베이터를 타고 어느 세계에 던져지는 장면으로 시작한다. 그렇게 도착한 곳에는 이미 생존의 규칙들이 있고 그것을 잘 지켜야만 살아갈 수 있다. 커다란 운동장 같은 구조인 그곳에서 자신과 같이 역시 영문도 모른 채 그곳에 던져져 있는 사람들이 있고 모두 생존의 규칙을 익힌다. 생존이 가능해지자 몇몇 이들은 룰을 깨고 그곳의 벽 너머로 목숨을 건 탈출을 시도해 결국 성공하지만, 이들이 다다른 곳은 더 거대한 시스템의 일부분이었다. 이러한 줄거리의 영화였는데 영화를 보는 내내 재미있었던 점 중의 하나는 이 영화야말로 하이데거의 '실존'에 대한 딱 맞아떨어지는 비유를 제공하고 있다는 점이었다.

하이데거에게 세계란 '이미 부여된 의미의 체계'를 뜻한다. 영문도 모르고, 아무 의미도 없이 세상에 내던져진 인간은 세계라는 거대한 의미 체계 속에서 비로소 이름도, 지위도 갖게 된다. 세계는 나와 상관없이 이미 존재하는 의미들로 가득 차 있다. 내가 세계와 어떻게 관계를 맺는지에 따라 나의 존재 의미가 생긴다는 점에서 하이데거는 세계를 이해하지 않고서는 '나'라는 '존재'를 이해할 수 없다고 주장했고 나는 세계 내부에 짜여져 있는 사회문화적 맥락 바깥에서는 존재할 수 없다고 말했다. 즉, 세계와 벗어난 나라는 존재는 있을 수 없다는 말인데 그렇게 하이데거는 세상의 모든 존재에게 적용 가능한 '존재 구조'(존재라는 것의 정의)를 찾고자 했다. 결론은 존재한다는 것은 아무 이유도 없이 '세계에 던져져 있다는 것'이다. 그 이상도 그 이하도 아니다. 그리고 그들은 서로 관계를 맺고 있다는 것이다.

2. 시간

그래서 하이데거의 존재만 들여다보면 인간의 삶은 허무하고 회의론적이다. 우리는 그냥 세계라는 망망대해에 아무 이유 없이 던져져 있는 존재다. 그래서 존재의 의미는 허무하다. 그런데 여기서 존재의 매우 중요한 두 번째 요소가 등장한다. 바로 시간이다. 세계의 모든 존재자는 시간의 흐름과 함께 변화하고 운동하며 종국에는 사라지게 된다. 즉 누구도 시간 앞에서 영원하거나 불변할 수 없다. 세계의 모든 존재는 유한하다. 삶이 유한하기 때문에 인간은 탄생과 죽음 사이에서 삶을 결단하고 존재의 의미를 찾는다. 만약 누군가 진시황이 찾던 불로초를 정말 찾아서 그것을 먹었다고 가정해보자. 그는 이제 영원히 죽지 않는다. 아프지 않고, 늙지 않고, 병들지도 않는다. 그렇다면 그는 지금 이 순간에 무엇을 하려고 할까? 그가 삶에서 지금 꼭 성취해야 할 것이 있을까? 그가 지금 누군가를 죽도록 사랑할 이유가 있을까? 그에게 고통이나 슬픔이 생겨날 이유가 있을까? 그냥 힘든 관계는 끊어버리면 그만이다. 계속 무궁무진한 새로운 관계가 기다리고 있지 않은가? 불멸의 생에서 인간은 어디에도 의미를 부여하지 않을 것이다. 삶의 의미나 인간다운 감정을 가질 수 있는 이유는 죽음이 기다리고 있기 때문이다.

the blues

우울에 빠진 이들은 내부의 에너지가 완전히 소진되어 시간의 의미를 찾아내지 못한다. 그럴 힘이 없다. 세상의 잔혹함에 지쳤으며, 자신의 스트레스를 남을 공격함으로써 해소하는 뻔뻔함도 없어서, 세상에 의미 없이 던져진 무방비인 채로 그냥 지낸다. 그는 텅 빈 자신의 내부만을 응시한다. de–는 '~하게 하다'의 접두어이고 press는 '압력으로 누른다.'라는 뜻이다. 깊이 침잠해 있는 그에게는 하이데거가 말한 시간성이 없다. 어제가 오늘이고 오늘이 내일이다. 세상의 의미 체계를 받아들이고 미래로 즉 '죽음으로의 기투'를 통해 존재양식을 찾는 실존을 영위할 힘이 없다. 우울증적 주체는 이렇게 하이데거의 시간성을 거세당한다. 미래가 없는, 혹은 미래를 그릴 힘이 없는 우울증 주체는 주어진 시간이 그저 지루하다. 그들은 시간을 중단시키길 원한다.

고흐는 우울과 망상에 시달리며 왕성한 창작욕으로 이 시기에 약 200여 점의 그림을 그렸다. 예술가에게 우울 혹은 광기는 위대한 작품을 탄생시키는 동력으로 작용한다. 그들이 고통에 시달리던 때에 그린 그림들을 보며 우리는 아름다움을 느끼는 것이다. 그래서 그림을 볼 때는 감탄하면서도 예술가들에게는 좀 미안한 마음이 든다. 물론 모든 예술품이 그렇지는 않지만, 대부분의 걸작들은 의식적 층위의 산물이 아니다. 대중가수들이 대마초나 마리화나를 찾는 이유는 환각을 즐기기 위해서만은 아니다. 몰아(沒我), 즉 의식이 작동하지 않는 무의식에 가까이 다가가기 위함이다. 그렇게 시간이 없는 무의식이 재현될 때 그림이든 글이든 음악이든 아름다움이 극대화된다. 의식은 시간을 인식하지만, 무의식에는 시간이 없다. 우울증에 빠진 이들에게도 시간은 정지한다. 그래서인지 나의 환자였던 그녀도, 예술가였던 고흐도, 스스로 삶을 마감하는 것은 똑같았다. 무의식은 아름다움을 낳지만, 그만큼 위험하고 치명적이다.

결혼하며 현대중공업에 일하는 남편을 따라 울산에서 살게 되었어요. 친정도 멀고 친구도 하나 없었지만 나름대로 삶에 적응하려 노력도 했고 좋은 생각만 하려고도 애를 썼어요. 둘째를 임신했던 어느 날부터인가 남편이 때리기 시작했는데 폭력의 강도가 시간이 지나며 계속 심해졌어요. 아이들도 어릴 때는 아빠만 미워하더니 자라면서는 나까지 미워하더군요. 남편은 가정의 모든 것이 싫은 것 같았어요. 그래서인지 아이들은 둘 다 다른 지역의 학교로 지원했어요. 그래도 둘째가 대학에 합격한 그날은 잊을 수 없어요. 내 아들. 얼마나 대견하고 자랑스럽던지. 둘 다 너무 잘 커 주었어요. 아이들마저 없으니 요즘은 이혼 요구도, 폭력도 노골적이어요. 그런데 요즘은 남편이 저를 때려주기를 기다리는 것 같아요. 남편도 그걸 아는 것 같고요. 그런 제가 겁이 나요. 습관이 된 것 같아요. 맞는 것.

말수가 부쩍 줄어든 둘째가 다른 지역의 국립대에 합격했을 때 너무 고마워서 아들의 손을 붙잡고 종일 목이 쉬어라 울었다고 한다. 둘째마저 진학을 위해 집을 떠났을 때 그녀는 세상과 자신을 연결해 주던 모든 끈이 끊어짐을 느꼈을 것이다. 세상의 시간은 흐르고 있었으나 그녀의 시간은 그 시점에서 멈추었을 것이다. 학습된 무기력으로 인해 남편의 구타를 기다리는 자신도 두려웠을 것이다. 일상화된 좌절은 그녀를 어두운 내부로 끌어당겼을 것이다. 쓸모없는, 가치 없는 인생. 소진된 그녀의 생의 에너지는 다시는 샘솟지 않았고, 어느 달이 밝던 새벽, 그녀는 스스로 베란다 창으로 몸을 던졌다.

세계

하이데거의 '세계'는 우리(즉 주체)에게 상반된 두 가지 의미가 있다. 하나는 삶의 본질인 공허와 허무에서 우리를 벗어나게 해줘서 '삶의 의미'를 가져다준다는 점에서의 긍정성과, (그녀가 어떤 것이든 세상과의 연결선을 가지고 있었다면 어땠을까 하는 아쉬움이 든다.) 우리를 비본래적 삶('비본래적'을 의미하는 독일어 uneigentlich에서 eigen은 '고유한'을 의미하며 un은 부정어이다. 따라서 비본래적인 삶이란 내가 나 자신의 고유한 가능성을 구현하지 않고 세상이 시키는 대로 사는 것을 의미한다.)으로 이끈다는 점에서의 부정성이다. 우리는 세계가 시키는 대로 살면서, 또 세계가 시키는 대로 사는 삶에 회의를 느끼고 일탈과 혁명을 꿈꾼다. 그러나 대부분 그 꿈은 꿈으로 끝난다. 그리고 타인과 세계가 바라고 시키는 일상을 그들과 비슷하게 살아간다. 아니, 신자유주의가 세상의 전면에 나선 지 오래된 지금은 그 소박한 삶의 작은 안락마저도 위협받고 있는 상황에 처해있다.

하이데거에 의하면 비본래적 삶 역시 현존재(인간)가 가질 수밖에 없는 필연적인 구조이다. 그러므로 매일매일 미완성의 혁명을 꿈꾸지만, 번번이 일상에 다시 매몰되어버리고 마는 자신을 못난이로 생각할 필요는 없다. 어른들 말씀 중 평범하게 큰 사고 없이 살다가 죽는 것이 가장 어렵다는 말이 있다. 맞다. 일상을 살아가기는 쉽지가 않다. 그러나 그렇다고 일상성에만 파묻혀 시간성을 망각한 비본래적 삶만을 살다 죽는 것은 허무하기는 하다. 그녀의 죽음을 알게 된 후 한동안 멍함과 죄책감이 엄습했고 내 삶을 잘 살아야 한다는 의무감이 함께 느껴졌다. 타인의 죽음은 나의 삶에 작지 않은 파장을 만들었다. 그렇다면 나는 내일부터 무엇을 해야 하나? 생각해보지만 마땅한 답이 없다. 해야 할 일들의 목록은 좀 거창하게 느껴지고, 소극적으로나마 내일부터 하지 말아야 할 일들의 목록이나마 만들어 봐야겠다. 넓고 산만한 일상을 좁고 깊이 있게 만드는 것이 첫 출발의 작은 목적지가 될 수 있을 것 같다. 어떻게 태어난 인생인데. 하이데거가 말한 '죽음에로의 기투'는 이런 것을 말하는 것이 아닐까?

고흐의 다른 그림 엿보기

〈구두〉(1886)

이 그림에는 물감의 거친 질감을 드러내는 고흐의 화풍이 고스란히 드러나 있다. 유명한 작품이라 잘 아시겠지만, 이 구두를 더 유명하게 만들어 준 이가 하이데거이다. 하이데거가 이 작품을 보고 쓴 아름다운 글을 읽기 전에 까다롭고도 파악하기 힘든 '현상학'이란 학문이 무엇인지에 대해 잠깐 알아보는 것도 작품과 하이데거의 글에 대한 이해에 도움이 될 것 같다.

'현상'이란 거칠게 말하자면 '눈에 드러나는 것'이다. 이 말은 1764년 람베르트라는 철학자가 처음 썼다고 한다. 즉 사물의 본체(本體)를 연구하는 것이 학문인데 사물은 밖으로 드러나는 현상적인 부분이 있고 드러나지 않는 본질적인 부분이 있다. 람베르트는 사물의 본질을 연구하는 본체학과 구별하여 본체의 현상을 연구하는 학문을 현상학이라고 하였다. 이어서 칸트도 비슷한 의미로 이 말을 썼는데 '물자체'(사물에서 우리가 지각으로 판단하거나 이해하지 못하는 부분.)에 관한 학문과 구별되는 경험적 현상을 다루는 학문을 '현상학'이라 불렀다. 단일 학문으로써 현상학을 하나의 학문으로 정립한 이는 에드문트 후설(1859~1938)인데 그는 '선험적(先驗的) 현상학'의 입장을 취하였다.

우리가 지각을 통해 무엇을 본다는 것은 그냥 시각적으로 보기만 하는 것이 아니다. 빵이 눈에 띄는 것은 배가 고프기 때문이고 카페에 들어갔는데 유난히 누군가가 내 눈에 쏙 들어오는 것은 그가 애인이거나 친구이기 때문이다. 즉 우리는 '대상을 시각으로 보는 것'이 아니라 어떤 '의미가 되는 대상을 의식'하는 것이다. 그래서 '대상을 지각'한다는 고전 철학의 틀을 후설은 다른 층위로 확 바꾸어버렸다. '대상을 지각'하는 것에서 '의미(noema)를 의식(noesis)'하는 것으로. 그리고 '지향성'이라는 용어를 썼다. 의식의 '지향성'이란, 의식은 언제나 '무엇인가에 대한 의식'임을 뜻하는 것이다. 우리가 세상에서 살아가는 것은 항상 무엇인가를 염두에 두고 살아간다는 뜻이다. 단순하게 과학적인 지각이 본질적이라면 평소에 보이지도 않던 빵집 간판이 배가 고플 때는 왜 십 미터 앞에서도 눈에 띄는가? 애인을 기다리는 카페에서 오고 가는 수많은 사람은 눈에 들어오지 않고 왜 그녀만 번쩍하며 눈에 들어올까? 모든 의식은 '지향성'을 가지기 때문이다.

그런데 주창자인 후설은 선험적(先驗的) 현상학의 입장을 취한다. 철학에서 '선험적'이라는 것은 '경험에 앞서있는' 혹은 '경험을 초월한'의 의미로서 '초월론적'이라는 말과 같은 의미이다. 후설에게 '경험'은 경험하는 주체의 조건이나, 주위 환경의 변화에 따라 조변석개하는, 학문으로 정립하기에는 일관성도 없고, 지속성도 담보되지 않는 부실한 것이었다. 그래서 그는 인식에서 경험적인 부분을 제외한 '순수의식'이라는 의식의 '본질'을 강조한 것이다. 후설은 현상학을 하나의 명징한 '학(學)'으로 정립하려는 의도가 강했던 나머지 '경험을 뺀 순수한 의식'을 추출하려 했다.

후설의 선험적 현상학은 현상학을 주체의 '경험' 없이 학문으로 세우겠다는 시도였지만 결과적으로는 오히려 명징해지지 못하고 사변적인 기술로 남게 된다. '눈(감각)에 드러나는 현상'에 대한 이야기를 하는데 '눈에 보이는 시각적(감각적) 경험'을 빼고 이야기하자는 것이다. 한계는 있었지만, 후설의 현상학적 방법론은 제자였던 하이데거를 비롯한 후대 현상학자들에게 지대한 영향을 미치며 새로운 철학의 물줄기를 탄생하게 하였다. 하이데거는 스승인 후설 이론의 방법은 계승하되 '순수' 혹은 '선험적'인 후설의 접근을 아예 무시해 버리고 구체적인 '생활세계'에 접근한 새로운 현상학을 탄생시켰다. 물론 이로 인해서 스승 후설과의 사이는 걷잡을 수 없이 멀어지게 된다. 하이데거의 현상학은 세계의 존재자 중 하나인 인간(하이데거는 인간을 '현존재'라고 불렀다. 세상의 수많은 무생물, 식물, 동물 등의 존재자와 구분하여 인간을 '현존재'라는 특별한 호칭으로 부르는 것은 인간이라는 존재자는 세계의 다른 존재자들과는 다르게 '시간성'을 품고 살아가는 독특한 존재 양식을 가지고 살아가기 때문이다. 토끼나 말, 돌, 나무 등은 죽음을 염두에 두고 살아가지 않는다.)이 세계와 어떻게 관계를 맺고 살아가느냐에 대하여 구체적으로 기술했고 그래서 그를 '생활 세계적 현상학자'라고 부르는 이도 있다. 특히 하이데거는 미학에도 큰 영향을 미쳤는데 후기 저서인 '예술작품의 근원'을 읽어보면 그의 예술관이 잘 나타나 있다.

> **작품에서는 그때마다 눈앞에 놓여 있는 개개의 존재자를 재현해내는 일이 문제 되고 있기보다는, 오히려 이와는 반대로 사물의 일반적인 본질을 재생해내는 일이 어쩌면 문제 되고 있는지 모른다.**『예술 작품의 근원』

고전적인 예술의 기능은 그리고자 하는 대상이나 사물을 어떻게 잘 모방해서 그리는(재현하는)가에 달려 있었다. 그러나 하이데거는 사물의 표면을 재현하는 것이 아니라 '사물의 진리'를 '드러나게' 하는 것이 예술의 본질이라고 한다. 이것은 후설이 이전의 '지각'을 '의식'과정으로 바꾸어 생각한 현상학적 인식방법과도 일맥상통한다. 눈으로 지각되는 사물을 어떻게 아름답게 재현하느냐의 문제의식이 '지각'에 있다면, 사물의 진리를 어떻게 드러내느냐의 문제의식은 '의식'에 있다. 하이데거는 예술의 본질을 현상학적으로 정립했다. 좀 이해가 어려울 수도 있지만 조금 더 나가 보자.

> **도대체 우리는 개개의 모든 눈앞의 것에서 그것이 있다는 사실을 알아차릴 수 있다. 그러나 (…) 그렇게 되자마자 그것은 통상적인 것의 양식에 따라 망각된 채로 남는다. 사실 존재**

자가 있다는 사실보다 더 통상적인 것이 무엇이란 말인가? 이에 반해 예술작품에서는 존재자 그 자체가 있다는 이 사실이 바로 놀라운 것이다.『예술 작품의 근원』

고흐의 구두를 예로 들어보자. 작품이 드러내는 것은 '존재자(구두)'가 아니라 존재자의 '존재(구두의 존재에 관한 것)'다. 그렇다면 작품의 진리는 '존재자'의 진리가 아니라 그것의 '존재'에 관한 진리이다. 작품이 보여주어야 할 것은 재현모델이 되는 존재자의 외관(구두를 얼마나 똑같이, 잘 그리는가)이 아니고 존재와 존재자의 존재론적 차이(구두의 외관만이 아니라 구두가 드러내는 진리)에 관한 진리이다.

그렇다면 구두를 그리는 것과 구두가 드러내는 진리를 그리는 것은 어떻게 다를까? 좀 거친 표현으로 말하자면 구두의 사진과 고흐의 그림을 비교해서 생각하면 될 듯하다. 물론 유명한 사진사는 구두의 사진도 구두의 진리를 나타내게 찍을 수 있을 것이다. 또는 그냥 사진을 보고도 구두의 진리를 알아차리는 사람도 있을 것이고, 그렇지 못하고 그냥 '구두네'에서 끝나는 사람도 있을 것이다. 그러나 거기까지는 이야기를 진전시키지 않도록 하자. 일반적으로 구두의 사진을 볼 때보다는 고흐의 그림을 볼 때 감상자는 플러스 알파만큼의 감동을 더 느낄 것으로 생각한다. 하이데거는 그것을 '작품이 드러내는 진리'라고 말했다. 그렇다면 하이데거는 고흐의 그림을 보고 어떤 진리를 발견했을까? 그는 이렇게 쓰고 있다.

> 닳아 빠져나온 신발 도구의 안쪽 어두운 틈새로부터 노동을 하는 발걸음의 힘겨움이 굳어 있다.
> 신발 도구의 옹골찬 무게 속에는, 거친 바람이 부는 가운데 한결같은 모양으로 계속해서 뻗어 있는 밭고랑 사이를 통과해 나아가는 느릿느릿한 걸음걸이의 끈질김이 차곡차곡 채워져 있다. 가죽 표면에는 땅의 축축함과 풍족함이 어려 있다.
> 해가 저물어감에 따라 들길의 정적감이 신발 밑창 아래로 밟혀 들어간다.
> 대지의 침묵하는 부름, 무르익은 곡식을 대지가 조용히 선사함 그리고 겨울 들판의 황량한 휴경지에서의 대지의 설명할 수 없는 거절이 신발 도구 속에서 울리고 있다.
> 빵을 안전하게 확보하는 데에 대한 불평 없는 근심, 궁핍을 다시 넘어선 데에 대한 말 없는 기쁨, 출산이 임박함에 따른 초조함 그리고 죽음의 위협 속에서의 전율이 이러한 신발 도구를 통해 스며들어 있다.
> 대지에 이러한 도구가 귀속해 있고 농촌 아낙네의 세계 안에 이 도구가 보호되어 있다.

하이데거는 작품 속의 구두를 보고 농촌 아낙네의 삶의 터전인 대지와 그 위로 불어대는 바람, 그리고 그 대지에 기대어 식량을 확보하고 살아가는 농민의 삶을 떠올렸다. 그와 더불어 그의 고난의 극복과 출산, 죽음까지 그를 둘러싼 '세계'를 떠올렸다. 이렇게 구두라는 작품을 통해 구두와 그 주인의 삶과 존재의 진리가 드러난다. 하나의 '현상'에서 드러나는 삶의 '진리'. 이것이 현상학이라는 학문이 접근하고자 했던, 진리를 인식하는 기존의 인식론과는 다른 방법론이었다. 그렇다면 여기서 하나의 의문이 든다. 저 위의 글은 하이데거라는 개인이 쓴 주관적인 감상평에 불과한 것이 아닌가? 그러한 주관적인 것이 어떻게 하나의 학문으로 자리를 잡을 수 있는가? (여기서 이러한 난관을 극복하기 위해서 했던 후설의 노력이 개인의 '경험'을 완전히 배제시켜 엄밀한 학문으로서의 '현상학'을 세우려 했다는 점을 떠올리자.) 그 의문에 대한 하이데거의 대답은 꽤 단호하다. 하이데거는 그림에 대한 자신의 해석을 그저 개인의 감상평으로 치부하는 것은 '가장 극심한 자기기만'이라고 잘라 말하며 저 해석은 자신의 말이 아니라 고흐의 그림이 한 말이라고 잘라 말한다. '이것(그림)이 말을 했다.'라고. 그런데 존재의 진리는 어떻게 개시되었나? 누군가는 저 구두를 신는 방법이나 어떤 땅에서 저 구두를 신는 것이 유용한지에 대해서 말할 수 있을 것이다. 또 어떤 이는 저 구두의 재질이 무슨 가죽이며 언제 누구에 의해 만들어졌고 내구성은 어떻고 뒤축은 무엇으로 만들어졌는지에 대해서 말할 수 있을 것이다. 그러나 그런 인식은 구두의 '존재의 진리'를 은폐하고 망각하게 할 뿐이다. 고흐가 예술작품으로 승화시키지 않았다면 구두의 진리는 아마 영원히 숨겨진 채 드러나지 않을지도 모른다. 그래서 하이데거에게 진리를 현상적으로 드러내는 이들은 예술가들이다. 화가들과 시인들.

얼마 전 친구들과 이야기를 하다 "가게 앞에 얼마 전부터 노점상들이 하나둘 생기더니만 최근에 너무 많아졌어. 좀 깨끗하게 치워줘야 하는데 구청에서 뭘 하고 있나 몰라."라는 친구의 푸념을 들으며 하이데거가 떠올랐다. 친구의 인식에 노점상은 거리를 지저분하게 만들고 조만간 치워져야 하는 대상으로 인식되었다. 그 인식은 '좋다' '나쁘다' 혹은 '옳다' '그르다'라고 말할 대상은 아닌 것 같다. 친구는 월세도 많이 내며 점포를 임대하고 일을 하지만 그 노점상들은 공간점유에 대한 비용도 내지 않고 돈을 벌고 있으며 기존 도로의 통행에 방해되어 친구의 일에도 지장을 주고 있었다. 거리가 깨끗해지고 통행이 자유로우면 좋겠다는 마음을 친구는 그저 '고전적인, 혹은 근대적인' 인식론에 기초해서 표현했을 뿐이었다. 그가 인간미가 없다거나 삶에 대한 배려심이 부족한 것도 아니다. 다만 그의 사물에 대한 근대적인 인식방법이 그의 내부에 세팅되어 있다가 바로 흘러나온 것일 뿐이었다. 노점상 상인을 보며 그의 삶이나 그가 부양하는 한 가족의 생이 떠올랐다면 노점판을 치워버리는 것 말고 좀 다른 해결책이 머리에 떠올랐을 수도 있지 않았을까? 그래서 사물에 대한 인식에 대해 꽤 세밀하게 조심하지 않는다면 누구나 나치의 전범 아이히만 같은 존재에 가까이 갈 수 있다. 한나 아렌트의 말대로 악의 얼굴은 너무나 평범하다. 진부할 정도로. 이 글을 쓰는 나도 주의하지 않는다면 어떤 악인이 될지 모른다. 진리는 과학이나 수학 안에 순수하게 있는 것이 아니다. 우리가 살며 타인에게서 읽어내는 것이고, 내가 개시되게 하는 것이다. 그리고, 삶의 진리가 눈앞에 나타났을 때 두렵다고 고개를 돌려 외면하거나, 진리를 은폐하는 쪽이 나에게 유리하다고 오히려 진리를 숨기느라 열심이어서는 안 될 일이다. 생각보다 어려운 일이지만.

저승에서, 자화상

에드바르트 뭉크

하이데거의 불안, 존재의 진리로 통하는 비상구

에드바르트 뭉크(1863~1944)

뭉크는 노르웨이 출신의 표현주의 화가이다. '더는 사람들이 독서하고 여인이 뜨개질하는 실내를 그려서는 안 되며, 그림의 주인공은 살아서 숨 쉬고, 느끼고, 고통받고, 사랑하는 사람들이어야 한다.'라는 뭉크 자신의 말처럼, 개인적인 생각이지만 실존주의 철학과 가장 잘 어울릴 만한 예술가는 뭉크가 아닐까? 에로티시즘, 불안, 사랑, 슬픔 등의 강렬한 감정을 밀도 있게 표현한 그의 그림은 우리를 죽음과 삶의 갈림길로 인도하며, 그것을 통해 망망한 세계에 아무 이유 없이 던져진 불안에 가득 찬 실존의 얼굴을 만날 수 있다. 뭉크의 예술은 극적이고, 강렬하며, 역동적이다. '지옥에서의 자화상'이라는 제목이 붙은 이 그림의 배경은 주황과 검은색으로 두껍게 그려져 있어 인물을 집어삼키려는 듯 보인다. 옷을 벗은 남자는 우두커니 정면을 응시하고 있는데 얼굴은 형태도 불분명하고 색은 배경과 비슷하게 어두운 톤으로 그려졌다. 지옥 앞에 선 인간은 그 이후를 짐작조차 할 수 없고, 알 수 없는 미래에 대한 불안과 공포에 사로잡혀 있다. 그의 눈동자는 흔들리고 있다. 불안은 알 수 없고 익숙하지 않은 미래와 만날 때 생겨난다.

뭉크는 어린 시절 어머니와 자신이 잘 따르던 누이, 동생의 죽음을 연달아 겪는다. 이후 불안정한 성격의 아버지와 살며 점점 어둡고 우울한 성격이 된다. 그의 첫사랑은 자유로운 보헤미안 성향이어서 항상 그를 불안하게 했으며, 두 번째 사랑은 그에 대한 집착이 심해서 권총으로 그를 위협하다 그의 손가락에 관통상을 입히기도 한 불안정한 성격의 인물이었다. 사랑에서조차 이 불쌍한 예술가는 위안이나 따스함을 얻지 못하였다. 안정감이나 따스함과는 거리가 먼 이성을 계속 선택하는 이들을 생활 속에서도 꽤 볼 수 있는데, 결핍된 자아가 충만한 자아를 마주했을 때 느끼는 생경함과 낯섦이 더는 사이를 가깝게 유지하는 것을 방해하기 때문이 아닌가 생각한다. '결핍에의 익숙함'이라고 이름 붙은 이 현상에 대해 공감하실 분들이 꽤 있을 것이다. 어쨌든 뭉크는 스스로 "난 인류의 가장 두려운 두 가지를 물려받았는데, 그것은 병약함과 정신병이다."라고 말했다. 그러다 40대 중반 즈음인 1908년 의사 야콥슨의 병원에 8개월간 요양을 하면서 치료를 받으며 꽤 건강을 회복했다. 그리고 이후 보다 밝고 다양한 색채로 이루어진 그림을 그렸지만 아이러니하게도 (아니 당연한 이야기겠지만) 그의 걸작들은 대부분 불안과 광기에 휩싸여 살던, 병원에 입원하기 이전 시기에 그린 그림들이다.

화병(Anger's disease)

그녀는 진료실에 들어와 불편한 증상에 관한 이야기를 나누던 중 살짝 눈물을 흘렸다. 갑작스러운 눈물에 나도 그녀도 당황했다. 그리고는 말을 이어갔다. 역시 그녀의 상처는 만만하지 않았다.

– 죄송해요. 저도 모르게 눈물이 났네요. 가끔 이유도 모르게 그래요. 몸도 갑자기 화끈거리고 잠도 잘 안오고. 식구들은 짜증 좀 그만 내라고 하고요.

– 스트레스 때문은 아닐까요? 집안일 말고 본인이 즐기는 걸 할 시간은 있나요?

– 그런 건 없어요. 남편 챙기고 애들 챙기고 정신없이 살았어요. 내가 왜 이러고 사나 하는 생각은 한 번씩 들기는 하죠. 누구나 그렇잖아요. 그런데 그런 회의를 하려 해도 다른 중요한 일들이 계속 생겨요. 물론 아이들이나 남편 일이죠. 그렇게 수십 년을 살았죠. 지나고 보니 그런 집안일들이 정말 중요한 일이었는지, 그때 내가 뭐가 하지 않았다면 정말 안 되는 일이었는지 잘 모르겠어요. 왜 그런 일들에만 매몰되어 살았는지 후회가 돼요. 그렇지만 누구보다 열심히 살아왔다고 자부해요. 그렇게 살았는데 왜 내가 이렇게 망가진 것 같은 마음이 되었는지 그 이유를 모르겠어요.

– 화병 같네요. 원래 화병은 억울한 일이나 한스러운 일을 겪은 후 마음속에 생기는 응어리가 신체화되어 나타나는 병이에요. 그 응어리가 풀리지 못하고 몸의 증상으로 나타나

는 건데 결혼생활을 오래 한 여성들이 자신의 욕구를 억누르고 생활에 매몰되어 살다 자식들이 독립하고 나면 본인의 존재 이유를 찾기가 어려워져서 허전함이 증상으로 나타나요. 증상이 갱년기랑 비슷해서 임상적으로 헷갈리는 경우가 많거든요. 가슴에서나 몸에서 확확 열이 올라오고 불면증이 생기기도 하고 이유 없이 짜증이 늘기도 해요. 어떤 분들은 우울증이 겹쳐서 외부 출입이 줄어들고 무기력함을 호소하시기도 하고요. 나쁜 경우는 자살 충동을 느끼기도 하거든요. 지금부터라도 본인이 하고 싶은 일이나 과거에 하고 싶었는데 못 했던 것들이 있으면 시작해 보시길 권해 드려요. 환자분 자신을 지금부터라도 보듬어주고 사랑해 주셔야 해요. 지금 나이가 오십에 가깝지만, 환자분의 자유로운 자아는 결혼을 했던 이십 대 초반에서 멈추어서 더 자라지 못했어요. 자유의 시간이 끊어져 긴 공백이 생겼다고 하면 이해가 되겠어요? 그 자유가 좀 어깨를 펼 수 있게 해 주셔야 해요.

40대 후반이었던 그녀와 나누었던 대화의 마지막은 대충 이랬던 것 같다. 그녀는 스스로 이루어 놓은 가정의 성취에 대해 의심하지 않았다. 남편은 정년을 앞두고 있었고, 노후 걱정도 없었고, 아이들도 남들이 부러워하는 학교에 합격했다. 그러나 그녀가 간과한 것은 스스로 욕망은 억누르고, 타인의 욕망을 위해 살아왔고, 지금도 그렇게 살고 있다는 사실이었다. 그녀는 최근 마음속 어디인가가 무너지는 듯한 느낌이 든다고 했다. 살아오며 들었던 '내가 왜 이러고 사는 거지?'라는 질문을 너무 쉽게 생각하고 무시해버린 것이 이유가 아닐까?

불안

여기서 그녀 스스로 이야기했던, 한 번씩 들었던 '내가 왜 이러고 사는 거지?'라는 생각의 정체는 무엇일까? 하이데거는 이를 '불안'이라고 했다. 세상살이는 호락호락하지 않다. 경쟁에서 살아남아야 하고, 가족도 부양하고 노후 준비도 해야 한다. 일 년만 벌이가 없어지면 하류 인생으로 전락할 것 같은 위기감이 든다. 계획에도 없이 돈 들어가야 할 일들은 왜 이리 많은지. 그리고 돈 많은 부자도 왜 이리 많은지. 나만 왜 이리 힘든지. 난 인간답게 살고는 있는 것일까? 산다는 것이 시쳇말로 총체적 난국이다.

그런데 위로의 말이 아니라 자신 있게 하나는 말할 수 있을 것 같다. 다 힘들다. 너나 할 것 없이. 정말이다. 그러니까 '왜 나만?'이라는 질문은 접어 두어도 된다. 그러다가 한 번씩 '나는 왜 사는 거지?' 내지는 '대체 내가 뭘 놓치고 사는 걸까?' 같은 질문이 엄습하는 때가 있다. 이 질문을 그냥 넘겨서는 안 된다고 하이데거는 말한다. 이때는 내가 살아오던, 즉 내가 몰입해서 허둥대던 세계는 일시에 멈추어 버린다. 그리고 텅 빈 운동장에 홀로 서 있는 듯한 느낌이 든다. 하이데거는 이를 '으스스함'이라 하고 이때 느끼는 감정을 '안절부절못함'이라고 했다. 그래서 안절부절못하는 자신이 싫어 대부분 우리는 이 감정으로부터 '도피'한다. 그녀가 그랬듯이. 그리고 다시 우린 별일 없었다는 듯 세상의 일부가 되어 열심히 세상이 시키는 일을 한다. 이렇게 우리는 세계로 '퇴락'하여 '공공성'에 의지해 삶을 영위하며 다시 자신감과 '느긋함'을 즐기게 된다.

'본래적 불안'이란 '도피'하지 않고 존재에 대한 질문에 온전히 부딪힐 때 우리가 느끼는 감정 상태를 말한다. '불안'을 느끼는 그 순간에 우리는 삶의 근본을 생각한다. 만약 우리가 그 으스스함을 극복하고 불안의 상태를 잘 끌고 나간다면 스스로 '본래적 존재'에 좀 더 가까이 갈 수 있을 것이다. 이를 하이데거는 마치 "물안개 걷힌 뒤에 산천경개가 아스라이 드러나듯이 – 불안을 통해서 세계는 오히려 단독적으로 더욱 선명하게 드러나며" 불안을 통해 우리는 세계에 휩싸이지 않고 '단독적'인 존재로 우뚝 서며 자신의 삶을 반성적으로 바라볼 수 있게 되고 자신의 삶의 본래성과 비본래성을 스스로 파악할 수 있게 된다고 했다.

즉 우리는 '불안'을 통해 '세상에 묶여 느긋하지만, 타성적으로 살아가는 나'와 '세상의 법칙에서 벗어난 고유한 나'를 발견하는

'현존재(인간)의 구조 전체'를 파악할 수 있다는 말이다. 일상적인 인간은 '퇴락'적 삶을 살고 있건만, '불안'은 일상적 삶에서 '본래적' 자기를 회복할 가능성을 열어준다. 이렇게 '불안'은 하이데거의 존재론에서 매우 중요한 개념이다. 다른 말로 하면 '나는 왜 살고 있는거지?'라고 질문하는 그 순간이 나의 존재에 너무나도 중요한 순간이라는 것이다.

마르틴 부버라는 철학자는 하이데거의 『존재와 시간』을 읽고 "당신이 이야기하는 '그들의 세계'(하이데거에게 있어서 그들의 세계란 타인들이 만들어 놓은, 그리고 내가 무작정 따르는 세계를 의미한다. 즉 비본래적인 삶을 살아가는 세계이다.)가 사실 본래적인 우리들의 세계가 아닌가?"라고 반문했다고 한다. 즉 '우리는 대부분 남이 살아가는 대로 살고 있고 또한 그것을 받아들여야지 그것을 뒤집고 살아가는 것이 오히려 비본래적이지 않는가?' 하는 질문이었다. 이 글을 읽는 독자 여러분의 생각은 어떠실지 궁금하다. 하이데거와 부버. 누구의 의견에 더 수긍하시는가?

본래적, 비본래적

그렇더라도 삶을 본래적 순간으로만 채우는 것은 불가능하며 바람직하지도 않을 것이다. 가정을 하나 해보자. 문학을 좋아하던 한 남자가 결혼을 했다. 취직도 하고 아이도 낳고 오순도순 살던 그는 마흔이 넘어가면서 점차 일상적인 시간의 반복이 지겨워지고 돈벌이와 가장 노릇이 지겨워졌다. 그러던 중 일과를 마치고 지친 몸이지만 예전에 읽던 문학책을 다시 읽기 시작했고, 나중에는 소설을 직접 쓰기 시작했다. 그러던 어느 날 그는 회사를 그만두고 전업 작가를 하겠다고 선언하고, 주부였던 아내는 그런 남편을 이해하지 못했다. 결국 그는 가출을 감행한다. 가족을 다 내팽개치고 소설 쓰러 가출한 가장을 생각해보자. 본래적 삶에 충실한 단독적인 삶의 주인공이라고 느껴지는가? 아니면 만나면 뺨을 한 대 후려치고 싶은가? 대부분 후자를 선택할 것이다. 그렇게 그들의 논리(세상의 논리)는 우리에게 바람직한 일상을 영위하고 있다는 포근함, 유대감, 안정감을 주며 그것은 우리를 소위 '정상적인 삶'을 영위하게 해준다. 그래서 우리는 대부분 이 일상성에서 벗어나려 하지 않으며 오히려 일상성이 무너질까 두려워한다.

그래서 불안을 느낀 주체는 친구들과 술을 마시고, 모임을 만들어 함께 수다를 떨거나, 언니들과 동생들과 쇼핑도 하며, 자기는 세상 속에 속해 있고 세상의 그들과 다르지 않음을 증명하고 그제야 사라지지는 않겠지만, 불안은 좀 옅어진다. 하이데거는 이런 비본래적 삶을 부정적으로 보고 철저히 걷어내어야 할 그러한 것으로 보지는 않는다. 하지만 또한 비본래적 삶에 빠져 '불안감' 없이 사는 이들을 '그들 속에 빠져 사는 사람'이라고 했다. 본래성이 옳고 비본래성이 틀린 것이 아니다. 그러나 비본래성에 지나치게 매몰된 삶은 불행하다는 것이다. 하이데거는 '불안'이 자연히 생길 수 있게 그냥 놔두라고 권고한다. 그는 본래적 삶에 중요한 가치를 두지만 비본래적 삶 또한 실존이 취하는 불가피한 삶의 방식이라고 이야기한다.

다시, 그녀

그녀는 결혼 이후 자신을 위해서 아무것도 하지 않았다. 가족들을 위해서만 시간을 보냈다. 그녀의 말처럼 그것이 정말 살아가기 위해 불가피한 것이었을까? 불안이 엄습할 때 우리는 선택을 한다. 불안을 스스로 내면으로 연장해 더 밀어붙이던지, 아니면 곧장 수다나 쇼핑으로 도망가던지. 그녀는 계속 불안으로부터 도피했으며, 이제는 생활에서 더 도피처(엄마로서, 주부로서 할 일)가 사라져 불안과 마주칠 수밖에 없는 때와 맞닥뜨렸다. 그래서 그녀에게 '으스스하고' '안절부절'하며 그 생경한 감정과 젊은 시절의 감정이 겹쳐진 것이다. 그리고 다시 훌쩍 늙어버린 자신의 삶을 생각하며 복잡한 감정이 드는 것이다. '불안'은 내면이라는 공간에서 자신이라는 대상과 만나는 순간이다. 자신을 자신이 만나는 그 순간이 하이데거의 '진리'가 생성되는 시간이다. 그 순간을 통해 주체는 자신의 진리가 드러남을 자각한다.

뭉크는 다섯 살에 어머니를 여의었다. 열다섯에는 잘 따르던 누나 소피에가 어머니와 같은 병으로 사망하였다. 아버지는 심약한 성격의 소유자였으며 종종 광기에 찬 모습을 보였다. 뭉크의 성장 과정은 외부적인 요인에 의해 불안과 공포, 두려움으로 가득 차 있었다. 그러나 뭉크는 예술가였다. 그는 불안과 공포를 고스란히 화폭에 담아내었다. 40대 중반의 그가 병원의 치료를 통해 안정된 시기에 접어들 때까지 대부분의 걸작을 그려내었다. 불안의 시기는 화가에게 그의 진실이 가장 잘 표출되는 시기이다. 그러나 그것은 화가에게만 해당하는 이야기가 아니다. 흔한 일상을 사는 우리 역시 불안을 통해서 나의 진실과 마주하며 그 불안의 시간을 잘 지탱함으로써 삶의 새로운 층위로, 존재론적으로는 본래적 실존을 마주할 수 있는 통로로 들어설 수 있다.

나는 환자인 그녀에게 자신과 마주칠 수 있는 시간을 권하였다. 스스로 내면을 자주 만나고 들여다보며 자신의 허무와도, 자신의 욕망과도 가깝게 지내라고 이야기하였다. 혼자 자신의 내면과 마주치는 순간은 생각보다 꽤 불편하다. 깜깜한 어두움이나 환한 조명만이 비치는 공간에 놓인 사람은 오래 버티지 못하고 정신을 놓는다. 외부에 무언가 볼 것이 있고 외부의 어떤 소리든 들리는 공간에서야 우리는 안정감을 가진다. 감각적인 것들이 그러할진대 우리의 내면도 더욱 외부 세계에서 유입된 이야기들이 필요하고 그 이야기를 따름으로써 편안함을 느낀다. 그러나 전술하였듯이 불편한 나의 내면의 허무와 욕망과도 친해야한다. 불안이 엄습할 때는 온전한 나의 내면으로 가는 통로가 열리는 때이다. 그녀도, 우리도 불편하지만 즐겁게 그것과 마주해야 한다. 우리 마음은 항상 어린아이이다. 남이야 뭐라든 내가 하고 싶은 것을 하려 한다. 어른이 되면 그것은 금기가 된다. 가슴 속에 쌓인 억압의 퇴적물이 단단한 종유석처럼 자라나 심장을 찔러대는 병이 화병이다. 제대로 된 어른들은 그것을 하나둘씩 가지고 산다. 그때그때 잘 녹여주지 않으면 심장이 버텨주지 못한다.

에드바르트 뭉크의 다른 그림 엿보기

〈잠들지 못하는 밤, 심적 혼란의 자화상〉이라는 제목의 그림이다. 자화상이라는 제목에서도 알 수 있듯이 뭉크 자신으로 보이는 초췌한 중년의 사내가 서 있다. 방은 어지럽고 밤인데도 방문이 활짝 열려 있다. 사내는 옷을 입고 있다. 어디를 가려는 걸까? 그는 알 수 없는 불안에 휩싸인 듯하다. 탁자 위에는 술병이 있고, 방은 항상 그런 듯 어지럽혀 있다. 옷을 급하게 차려입고는 있지만 중요한 약속에 늦지 않으려 바삐 움직이는 것으로 보이지 않는다. 늦은 밤, 어질러진 방을 두고 그는 어디로 나가려는 것일까? 기껏해야 술집을 기웃거리고 술병을 들고 거리를 배회할 것처럼 보일 뿐이다. 그는 왜 저렇게 안절부절못할까? 우리는 어떤가? 한 번씩 아무 이유 없이 불현듯 가슴속이 불안감으로 차오르고 혼자 어찌할 줄 모를 감정의 격랑에 빠지지 않는가? 이 년쯤 후에 그린 다음 그림을 보자.

〈밤의 방랑자〉라는 제목의 이 그림 역시 뭉크가 그린 그의 노년의 자화상이다. 앞의 그림보다 훨씬 어둡고 우울하다. 뭉크는 노년에 이 불안을 피하지 않고 정면으로 맞닥뜨렸다. 그는 외출도 하지 않고 다른 사람들이 자신을 알아보지 못하게 수염을 잔뜩 기른 채 집 안에서만 틀어박혀 그림을 그렸다. 그 시기의 그림들이 위의 두 작품이다. 모든 존재는 불안하다. 다만 우리는 그 불안에서 잘 도망간다. 수다를 떨고, 티브이를 보고, 월급에 감사하며, 연애도 하면서.

불안감에 휩싸일 때, 당혹스러워하거나 불안의 상황을 비정상적인 것으로 여길 필요는 없다. 아이들이 태어나자마자 엄마가 보이지 않을 때 느끼는 분리불안부터 불안은 인간의 전 생애를 함께 하는 친구이자 동반자이다. 불안은 사전적으로는 불쾌한 일이나 위험이 예견될 때 느껴지는 불쾌한 정동 또는 정서적 상태를 말한다. 동반되는 신체적 징후로는 심장 박동의 증가, 호흡이 빨라짐, 떨림, 땀 흘림, 근육의 긴장과 설사 등이 있으며 불안은 공포와는 달리 외부적이고 현실적인 위험의 대상 없이 일어나는 무의식적인 정동이다. 불안이라는 감정이 왜 생겨나는가에 대한 이론은 많지만 일단 프로이트의 설명을 소개해 본다.

프로이트는 불안을 인간의 피할 수 없는 요소로 보았던 것 같다. 그 근원에는 태어난 후 누구나 겪어야 하는 엄마와의 분리불안이 있다. 그는 더 나아가 신경증 환자의 증상들을 불안한 상태를 벗어나려는 방어기제로 보았다. 태생적인 불안에서 벗어나고자 하는 과잉행동 때문에 신경증에 빠진다는 것이다. 그는 처음에 불안의 원인이 적절하게 방출되지 못한 리비도의 억압에서 비롯된다고 보았는데 곧 이 이론을 다시 재정립하여 불안을 원인에 따라 세 가지로 나누었다. 첫째는 '현실 불안'이다. 나이는 들고 가진 것은 없는데 노후 준비도 해야 하고 부모님 봉양도 해야 하는데 미래는 나아질 것 같지 않을 때, 혹은 어두운 골목을 혼자 걸어가는데 뒤에서 낯선 이의 구두 소리가 뚜벅뚜벅 들릴 때 느끼는 불안한 감정이 현실과 관련된 불안인데 이는 두려움의 대상이 뚜렷하게 정해지는 공포와도 어느 정도 연결되어 있다. 둘째는 나의 의식이 무의식을 통제하지 못했을 때 받았던 벌이나 고통에 대한 경험 때문에 생기는 '신경증적 불안'이 있다. 자위가 불건전하고 건강에 좋지 않다고 들었던 기억 때문에 행위 후 불안을 느낀다든지, 친구의 애인에게 사랑을 느끼고, 도덕적으로 잘못된 감정을 느끼며 불안을 느끼는 식이다. 세 번째는 '도덕적 불안'이 있는데 이는 초자아적 불안이라고도 불린다. 이 불안은 양심과 관련된 두려움과 연관이 있다. 꼭 이 일을 할 것이라고 다짐했는데 일이 잘 안 풀리고 있을 때라던지, 슈퍼마켓에서 아이스크림을 훔칠 때라던지, 연봉이나 출신 학교를 속일 때 느끼는 불안이 여기에 해당한다. 그러나 이런 분류에도 불구하고 불안의 원인이 명확하게 정해지기는 어렵고 주체가 그 원인을 인지하기도 힘들다. 불안은 거의 무의식에서 기인하기 때문이다.

나의 경우는 밤 열 시경, 그리고 일요일 오후가 되면 이유 모를 불안감이 자주 찾아왔다. 이십 대에는 이유를 찾으려 하기보다는 친구들과 놀면서 잊으려 했고 삼십 대가 넘어 어른이 되어서야 그 이유를 찾으려 해보았다. 어릴 때부터 성장기를 거치며 있었던 여러 가지 일들을 떠올리며 그 시간대에 중첩된 공통적인 사건들을 찾아보았다. 먼저 밤 열 시의 기억에는 짚이는 것이 있었다. 어릴 때부터 엄마는 시내에서 가게를 운영하셨다. 나를 임신했을 때에도 한 번도 가게를 쉬신 적이 없으셨다. 어릴 때 저녁이 되면 누나나 형과 집에 같이 있었고 엄마는 없었다. 내가 자라며 학교에 들어갈 무렵부터는 누나나 형이 바빠지면서 거의 집에 혼자 있게 되었다. 학교를 마치고 텅 빈 집에 와서 혼자 시간을 보내야 했던 초등학생 시절 저녁 시간이 참 싫었다. 엄마가 집에 귀가하는 시간이 열 시를 좀 넘겨서였으니, 그 시간대에 혼자 집에 있어야 하는 것에 대해 엄마에 대한 원망의 마음도 있었을 것이고, 또 빨리 엄마가 집에 와서 같이 있고 싶다는 감정도 섞여, 복합적인 감정이었을 것이다.

이후 중, 고등학생이 되면서는 공부 때문에 귀가가 늦어졌으니 그런 불안을 느낄 틈이 없다가 대학에 진학한 이후에 그 증상이 다시 시작되었다. 일요일 오후가 되면 느끼는 불안 역시 성장환경과 관계가 있다. 주말에 친구네 집에 놀러 가면 친구의 어머님들이 식사도 차려주고 아들과 이야기도 하는 광경을 보며 주말에도 빈집에 혼자 있는 내 처지와 비교가 되었다. 그래서 주말이 되면 알 수 없는 불안이 마음 깊은 곳에서 생겨난 것 같다. 물론 이런 불안의 원인에 대한 해석도 사실인지 아닌지 확인할 길은 없다. 미루어 짐작할 뿐이다. 나이가 오십이 훌쩍 넘은 지금도 가끔 그 시간대에 불안의 진동이 감지되는 것을 보면 무의식이 얼마나 깊고 근원적인지 실감한다.

심리학에서 불안은 원인을 찾아 제거하거나 완화해야 할 부정적인 것에 가깝다. 심리학에서는 불안상태를 어떤 병에 걸린 상태처럼 진단한다. 그러나 정신의학에서 정상과 비정상의 구분은 큰 의미가 없다. 우리는 누구나 어느 정도의 불안을 깔고 살아가고 있으며, 그것이 증상으로 나타나든 그렇지 않든 불안은 인간이라는 존재의 바탕이 되는 정동이다. 프로이트의 불안에 대한 이론은 이후 불안에 관한 심리적 접근에 큰 영향을 주었다. 불안에 대한 이론은 후배 의사인 라캉에 의해 더 보충된다. 거대한 암사마귀가 나에게 다가오고 있다. 나는 내가 수사마귀(먹이감)인지 암사마귀(친구)인지 알 수 없다. 내가 확실히 어정쩡한 주체(엄마와 한 몸인 유아기적 주체 즉 수사마귀)를 '상실'시키고 세상의 질서(상징계로 편입 즉 암사마귀)로 들어가서 확실한 암사마귀(대타자인 세계의 일원으로 재탄생함)가 되어야 하는데 그 상실과 재편입을 제대로 하지 못해서 생기는 것이 불안이라고 했다. 그래서 라캉은 "분리에서 오는 불안은 분리 그 자체가 아니라 분리의 실패에서 비롯된다."고 했다. 즉 (엄마와의 유착 관계를 떼어내는 개념으로서의) 상실을 제대로 못 해서 불안이 생긴다는 것이다. 이런 면에서 기존의 심리학과 라캉의 이론은 반대이다. 심리학에서는 분리불안이라는 말 그대로 엄마와의 분리를 불안의 상황으로 보지만 라캉은 인간의 발달에 꼭 거쳐야 하는 과정이므로 오히려 분리를 거치지 못할 때 불안이 찾아온다고 한다. 라캉의 이론처럼 실제로 인간은 이러한 변화(상상계의 상실, 상징계로 재편입)를 겪기는 하지만 칼로 두부 자르듯 변화하는 것은 아니며 어른이 된 후에도 엄마(여기서는 꼭 생물학적인 엄마를 지칭하는 것은 아니다.)와의 유착 관계를 어느 정도는 형성하고 있는 것이다. 그래서 존재는 항상 어느 정도의 불안을 내재하고 세상을 살아가는 것이다.

하이데거는 오히려 불안을 인간이 본래적인 삶으로 진입하는 통로로 보았다. '내가 이렇게 살아도 되는 걸까?' 하는 자각이 오는 그 순간은 더 나은 삶을 위한 변곡점이 되는 인생의 중요한 지점이다. 그 지점을 무시하고 억압할 때 우리는 평생 돈 버는 기계로 살다 삶을 마칠 수 있다. 아니면 독일의 전범인 아이히만처럼 사유가 빠진 삶을 살며 타인들에게 무형의 폭력을 휘두르며 살 수도 있고, (아이히만은 아우슈비츠의 총책임자로써 자신은 건실한 군인이었으며 상부의 명령을 충실히 수행할 뿐이었기 때문에 자신에게는 죄가 없다고 주장하였다. 그의 삶은 자신의 내면을 마주하는, 즉 스스로에 대한 비판이나 반성의 시각이 전혀 없는 삶을 보여주는 전형이라 할 수 있다.) 진료실에 들어오자마자 눈물을 흘리며 살아온 지난 시간을 후회하는 그녀처럼 살 수도 있을 것이다. 불안은 부정적으로 생각할 어떤 것이 아니다. 불편하고 고통스럽지만 새로운 사유가 생각되는 출발점이기도 하고 자신을 돌아보는 반성의 시각이 생성되는 지점이기도 하다. 불안한가? 왜 그런지도 모르겠다고? 당연한 일이고, 괜찮다. 그것이 우리의 존재 방식 중의 하나이기 때문이다. 스스로에 대해서 생각하고, 자신을 사랑해 주면 된다. 우리는 출생부터가 이 험한 세상에 이유도 모른 채 던져진 불쌍하고 안쓰러운 존재들이기 때문이다.

나르키소스

미켈란젤로 메리시 다 카라바조

라캉의 상상계에 빠져버린 현대인

나르키소스

신화에 따르면 나르키소스는 매우 아름다운 미소년이라 많은 이들의 사랑을 독차지했지만 정작 그는 타인에게 별 관심이 없어 홀로 사냥하며 지내는 것을 더 좋아했다고 한다. 에코라는 요정(그는 예전에 제우스의 바람을 숨겨주려다 헤라의 미움을 사 타인의 말의 끝부분만을 따라 하는 저주에 걸렸었다.)이 나르키소스를 짝사랑했는데 역시 그는 에코에게 냉정하게 대했다. 에코는 슬픔에 빠져 숲에 칩거하며 음식을 먹지 않아 점점 야위어졌고 마지막엔 몸이 거의 사라지고 목소리만 남게 되었다. 그녀는 자신의 사랑을 무시한 이에게 복수해 달라고 신에게 간청했고 복수의 신 네메시스는 그녀의 바람에 응답하여 나르키소스에게 그가 다른 사람과는 영원히 사랑에 빠지지 못한다는 저주의 주문을 걸었다. 어느 날 나르키소스는 우연히 샘물 속의 자신의 모습을 쳐다보게 되고, 샘물에 비친 자신의 모습에 스스로 반해서 눈을 떼지 못하고 먹지도 자지도 않은 채 속절없이 샘에 비친 자신의 얼굴만 쳐다보다 죽는다. 그리고 그 자리에 그의 이름을 딴 꽃인 수선화가 피어난다.

자크 라캉(1901~1981) - 상상계, 상징계

1899년 독일의 정신과 의사 네케는 자신의 육체를 이성(異性)의 그것으로 여기고 스스로 애무하고 쾌감을 느끼는 자기애를 나르시시즘이라고 명명했다. 이후 프로이트는 자신의 정신의 특징이나 혹은 자신의 육체가 스스로 리비도의 대상이 되는 것, 즉 자기 자신에게 리비도가 쏠려 있는 상태를 나르시시즘이라 불렀다. 유아기의 아이들은 자신이 세계의 중심이라 생각하는데 모든 유아는 어느 정도 나르시시즘에 빠져 있는 셈이다. 프랑스의 정신의학자이자 철학자인 자크 라캉은 프로이트와 비슷하지만 조금은 다르게 나르시시즘을 설명한다. 라캉에 의하면 나르시시즘은 상상계가 강하게 작동하는 것이다. 라캉은 인간의 '주체'는 크게 '상상적인 것과의 동일시'와 '상징적인 것과의 동일시'의 두 가지 커다란 축에 의해 형성된다고 말한다. 무슨 말일까?

아이가 처음 태어났을 때는 일어나지 못한다. 누워있는 아이의 시선에서 스스로 몸은 팔 따로, 다리 따로, 배 따로 이렇게 따로따로 보인다. 즉 '조각난 신체'로서 자신을 파악한다. 또 이때는 다른 이와 나의 명확한 자아의 구분이 없어 만약 옆에서 다른 아기 하나가 울면 그 소리를 자신의 것으로 알고 방 안의 아기들 모두가 따라서 운다. 즉 우는 아이와 자신이 다른 존재라는 인식을 하지 못한다. 그래서 아기의 눈에 비치는 인자한 엄마의 얼굴이 자신이 된다. 즉 엄마와 나는 하나의 몸이자 하나의 세계이고 '내가 엄마고 엄마가 곧 나'라는 환상을 가진다. 그러다가 어느 날 아이가 자라고 걸음마가 무르익을 무렵 아이는 우연히 거울을 보며 자신의 전신 샷을 보게 되는데 이 순간 아이는 깜짝 놀라며 '아 저것이 '나'이구나'라는 인식을 하며 처음으로 자아를 인지하게 된다. 실제 다른 동물들은 거울 앞의 자신의 모습에 아무 반응을 보이지 않는데 인간만 그 이미지에 환호하며 반응한다.

이것이 라캉이 말하는 거울 단계이다. 거울 단계에서 인간은 엄마의 이미지 혹은 거울에 비친 이미지를 보고 그것을 '나'와 동일시한다. 그러나 거울에 비친 내 모습조차 나의 허상이지 원래 온전한 나의 모습은 아니다. 인간은 불행하게도 자신의 얼굴을 죽을 때까지 한 번도 직접 볼 수 없다. 거울에 비친, 혹은 샘에 비친, 혹은 누군가의 목소리를 통해서 정말 이것이 나인지 알 수는 없지만, 이것이 나라고 믿을 수밖에 없는 이미지를 '나'라고 믿고 산다. 라캉은 거울에 비친 나의 이미지를 나로 받아들이는 것과 비슷하게, 이미지적인 것을 나와 동일시하여 나라고 믿는 그러한 것을 '상상적인(이미지적인) 것'이라고 하며 이것이 인간의 '자아'의 형성에 핵심적이라고 말했다. 예를 들자면 아이가 엄마의 얼굴을 보고 엄마를 자신과 동일시하며 하나의 몸이라 믿는다든가, 사랑하는 이의 얼굴을 보며 내가 사랑하는 것과 똑같이 사랑하는 이도 나를 사랑할 것이라고 믿는다든가, 태극기를 휘날리는 모습을 보며 나와 조국(의 상징으로서의 태극기)을 동일시하고 조국을 위협하는 것이라고 가정된 것들에 대한 깊은 증오를 가진다든가(이는 신민(臣民)을 양산하는 군대 같은 조직의 교육과정의 기본적인 시스템이다. 수많은 조직에서 상상계를 이용해서 조직원을 내면으로부터 포섭한다. 다단계 교육과정의 첫 장면은 다이아몬드 등급의 인물을 직접 보여주는 것이다. 그들의 호사스러운 생활을 담은 영상과 함께.), 광고에 나오는 그랜저를 사고 그 광고의 카피처럼 이제는 내가 꽤 성공한 사람이라는 것을 증명하게 되었다고 믿는다든가, 〈내 이름은 김삼순〉이라는 드라마의 인기 이후 그때까지 별 인기도 없던 '파티셰'가 되려고 하는 이들이 폭증한다든가 하는 것을 라캉은 '상상적인 것과의 동일시를 통한 자아의 형성'이라 한다.

상징계는 상상계와는 다른, 세상의 언어적인 질서이다. 상상계가 그림이나 사진에 가깝다면, 상징계는 언어나 글에 해당한다. 언어를 통해 구축된 기존 질서를 내가 동일시함으로써 세상에서 다른 이들과 같이 살아갈 수 있는 주체가 형성된다. 아마 아리스토텔레스의 '인간은 사회적 동물이다.'라는 경구 속에 담긴 '사회화' 과정을 말하는 것이라고 이해하면 거의 비슷할 것 같다. 인간은 다양한 형태로 상징적인 질서를 배우고 따르며 깊게 내면화한다. '넌 한국 사람이야. 넌 남자야. 성공해야 남을 도울 수 있어. 착하게 살아야 후회하지 않아.' 이런 말들을 떠올려보라. 내 안에 있는 무언가가 강하게 화답하는 것을 느낄 것이다. 내가 읽은 소설의 교훈들, 매일 뒤적거리는 인터넷 미디어의 기사들, 부모님과 선생님들의 수많은 잔소리, 학교에서 배우고 익힌 지식의 더미들, 인간으로서 가져야 할 기본적 소양이 적힌 인문학 서적들. 이러한 방대한 교양과 학문의 체계들은 역시 내 내부에 자리를 잡고 나의 모든 사유의 공간을 점령한다. 인간의 '주체'는 광범위하게 쌓인 그 언어들의 덩어리로 만들어진다. 내가 이렇게 생각하고 저렇게 행동하는 기본동력은 내가 옳다고 배우고 그렇게 해야 한다고 들어왔던 것들이 정해주는 것이 아닌가. 그래서 라캉은 이것을 '상징적인 것과의 동일시를 통한 주체의 형성'이라 한다.

물론 상상계와 상징계는 따로 분리되어 있지는 않다. 나(자아 혹은 주체)의 형성에 이바지하는 것이 그림 따로 글자 따로는 아니라는 말이다. 이미지로 채워진 광고나 드라마를 보며 내가 무언가를 사게 되고 광고의 주인공을 동경하며 그와 일체감을 느낄 때, 드라마나 광고의 화면은 이미지로 상상적인 것이지만 그 대사나 글귀는 상징적인 것이다. 만약 활자로만 쓰인 위인전을 읽으면서 나의 미래상을 정립한다고 생각해보면 머릿속으로 책 속의 상황을 이미지로 함께 그리거나 인물의 외양이나 행동, 말투 같은 것들을 상상하게 된다. 그래서 언어뿐인 책을 읽을 때도 이미지적인 상상계의 도움 없이는 상징계가 작동할 수 없다.

라캉의 상상계와 상징계는 인간의 자아와 주체를 구성하는 중요하고도 큰 두 축이다. 인간은 태어나서 먼저 상상적인 것(이미지적인 것, 태어나서 바로는 물론 엄마의 얼굴이 가장 큰 영향을 미친다.)과의 동일시를 통해 자아를 형성하고, 더 자라면서 법 혹은 세상의 질서, 규범을 총칭하는 상징적인 것을 내면으로 받아들여 주체를 형성한다. 물론 상징적인 질서가 인간의 기본적인 주체를 대부분 형성하지만, 이미지적인 상상계 역시 나라는 존재의 형성에 지대한 역할을 하게 된다. 상상계, 상징계에 더불어 라캉의 위상학에는 실재계라는 심오한 단계가 설정되어 있는데 여기서는 자세한 설명을 생략하도록 한다.

그녀 이야기

그녀는 수년 전 처음 병원에 왔다. 10대 후반의 키가 크고 늘씬한 아이였다. 엄마 손에 이끌려 만성적인 골반 통증을 호소하며 진료실로 들어섰다. 검사 결과 다수의 성 매개 병원균이 발견되었고 며칠간 고농도의 항생제 치료를 받았다. 그녀의 모친과는 환자로 오래 알고 지낸 터라 딸인 그녀에게 자연스레 몇 마디 잔소리를 보태게 되었다. 어린 나이의 이성 교제가 왜 신중해야 하며, 남자아이들과 달리 여자아이들이 겪어야 하는 골반염증이나 성병으로 초래되는 불임에 관한 이야기, 원치 않는 임신과 그 때문에 감수해야만 하는 끔찍한 낙태의 경험 등등. 또래의 아이들이 그렇듯 잔소리나 마찬가지인 이야기에 그녀는 부정적인 표정과 삐딱한 몸짓, 반항적인 태도로 화답하였다.

몇 번의 항생제 치료가 끝난 뒤 통증이 거의 완화되었을 무렵부터는 조금 더 일상적이고 가벼운 이야기들을 주고받았으며 그녀는 그때부터 자신의 이야기를 조금씩 들려주었다. 부모는 외동딸이었던 그녀를 어릴 때부터 극진하게 대했다고 한다. 그러나 그녀는 자라면서 부모의 관심과 보호가 귀찮다고 생각했고, 자신에게 절절거리는 부모가 한심하게 느껴졌으며, 학교에서 자신과 어울려 다니던 멋있고 잘생긴 선배 오빠들과 사귀는 일이 많았다고 했다. 그녀는 아이들이 선망하는 남자를 자신의 애인으로 만드는 것을 좋아했다. 그 오빠 중 한 명은 소위 말하는 일진이었고, 그녀를 꼬드겨 집을 나오게 하였으며, 그녀와 동거를 시작했다. 이후로 그녀는 두세 번의 낙태를 경험하였으며 아랫배가 심하게 아파진 것도 그때쯤이었다. 그래서 얼마나 그 오빠를 좋아했냐고, 지금도 많이 생각나냐고 물었더니 그녀는 뜻밖에 이렇게 대답했다. "아니에요. 그냥 많은 애들이 오빠를 탐을 내니까 내가 먼저 가지고 싶었어요."

좋아요, 좋아요

나르키소스는 샘물에 비친 자신의 그림자와 사랑에 빠졌다. 그렇다면 나르키소스는 신화의 이야기대로 자기 자신의 모습과 사랑에 빠진 것일까? 라캉은 그가 샘물에 비친 자신의 '이미지'와 사랑에 빠진 것을 강조한다. 눈에 보이는 멋진 이미지에 사로잡혀 삶의 다른 부분은 보지 못하는 이는 나르시시즘적인, 상상적인 것과의 동일시에 빠진, 자아에 사로잡힌 존재이다. 라캉에 의하면 인간이 성장하며 상상계에서 상징계로 적절한 진입이 이루어져야 하는데 나르키소스는 상상계에서 벗어나지 못하고 성장이 멈추어버린 존재이다. 물론 그 집착의 상대가 엄마가 아닌 자기 자신이라는 점이 다르기는 하지만. 이 진입 과정이 인간의 발달에 굉장히 중요하다.

갓 태어난 아기에게는 엄마가 외부 세계의 전부이다. 그러나 아이는 자라면서 엄마가 자신과 구분된 객체란 것을 깨닫고 좌절을 느낀다. 엄마가 온전히 나의 것이 아니라는 엄청난 좌절과 배신감을 견디지 못하는 아이는 그 결여의 자리에 (아비지의) 법과 규범의 질서를 내면화함으로써 그 상실을 벗어난다. 이 과정을 오이디푸스 단계라고 하는데, 주로 언어를 배우며 부모님의 말이나 책, 혹은 선생님의 말을 통한 가르침을 내면화해서 주체를 확립하는 과정이다.

그녀는 누구나 부러워하는 멋진 오빠와 함께 있는 자신을 사람들에게 보여줌으로써 쾌감을 느꼈다. 그녀에게 이상적인 자아는 멋진 오빠와 함께 있는 자신의 모습이다. 그녀는 그 이미지와 자신을 동일시했다. 그녀처럼 우리는 SNS에 우리의 가장 아름다운 모습을 전시하고 '좋아요'를 많이 받음으로써 즐거움을 느낀다. 우리의 이상적인 자아는 SNS 속에 맛있는 음식이나 비싼 물건들과 함께 전시되고, 사람들의 '좋아요'를 받는다. 어쩌면 그녀도, SNS에 멋진 모습을 전시하며 좋아하는 우리도, 라캉이 말하는 상상계에서 벗어나지 못한 유아기적 자아에 머물러 있는 존재인지 모르겠다.

알고 보면 자기애?

몇 년의 시간이 흐른 뒤 그녀는 다른 일로 다시 병원을 찾아왔다. 편의점 아르바이트를 한다고 했고 예전과는 달리 화장기 없는 수수한 얼굴이었다. "진상 손님들이 너무 많아요. 주머니에 몰래 물건 넣고 가는 사람은 양반이고 멀쩡한 음식 반 이상 먹고 상했다고 환불해달라는 사람도 있고…" 엄마처럼 챙겨주던 실장님에게 수다를 떨고 싶은가 보다. 실장과 그녀의 수다를 곁귀로 들으며 이제는 그녀가 많이 성숙했다고 생각했다. 정글 같은 세상은 좌절을 주기도 하지만 겸손도 함께 가르쳐 주는 꽤 좋은 선생님이기도 하다. 멋진 오빠와의 사랑에 빠진 자신만만하고 세상 무서운 것 없던 눈매는 부드럽고 조심스럽지만 사랑스럽게 변해 있었다.

이미지와의 사랑은 강렬하다. 그러나 생명력은 길지 않다. 그것은 사랑하는 대상이 나와 한 몸이라는 오해와 오판에서 비롯되기 때문이다. 엄밀히 말하면 그 사랑은 멋진 대상이 곧 나이고 그 대상을 사랑한다는 것은 곧 나 자신을 사랑하는 자기애와 같은 것이기 때문이다. 외모와 경제력을 사랑하는 것도 마찬가지다. 경제력이 월등한 상대와 하나가 됨으로써 나 역시 이제 성공한 사람이자 부자라는 이미지를 가질 수 있기 때문이다.

더 깊은 사랑은 이야기(상징적인 것)를 가지며 자기애를 벗어난다. 상대의 삶의 흔적을 깊이 알고 나의 삶을 열어준다. 더 예쁘고 빛나는 것은 외모가 아니다. 시간이 흐르면서 예쁨과 빛남은 시각적으로만 드러나지 않는다. 상대와 같이 있을 때 느끼는 흥분과 설렘이 시각중추에서 끝나는 것이 아니라 저 마음 깊숙이에 도달한다. 같이 있었던 시간만큼의 추억과 기억이 관계의 밑바탕이 된다. 상대의 기분이나 감정, 상대의 욕망과 기호를 이해하려고 노력하고, 시간과 함께 상대에 관한 이야기들이 내 속에 켜켜이 쌓인다. 그래서 서로가 서로에게 서사이자 역사가 된다. 물론 누구는 이미지로만 사랑하고 누구는 이야기로만 사랑하지는 않는다. 어떤 사랑이든 그 속에는 이미지와 이야기가 적당히 버무려 있을 것이다. 그러나 이미지가 강한 사랑은 대부분 강렬하지만 생명력이 짧고, 이야기가 강한 사랑은 반짝거림은 덜 하겠지만 훨씬 오래 지속된다.

다시 그림을 보자. 미소녀는 샘을 바라본다. 그를 제외한 배경은 온통 어둡게 처리되었고 주인공에게 강한 빛이 내리비쳐 꼭 연극의 한 장면을 재현한 것 같다. 전형적인 바로크미술의 방법이다. 게다가 뚜렷한 윤곽선과 사실적인 묘사는 르네상스의 영향력이 아직 사라지지 않은 바로크 초기의 작품임을 이야기해준다. 카라바조의 작품이다. 관람자의 눈은 캔버스에 사로잡히고, 주인공의 눈은 샘에 사로잡혀 있다. 현대인의 눈은 스마트폰의 액정에 내내 사로잡혀 있지 않은가? 라캉의 상상계는 현대의 우리 모두에게 액정과 모니터를 통해 강한 흡인력으로 작동하고 있다.

미켈란젤로 메리시 다 카라바조(1571~1610)

카라바조는 밀라노 부근에서 태어났다. 그가 어릴 때 역병을 피해 이사 갔던 이탈리아의 마을 이름이 '카라바지오'이다. 그의 이름을 풀어보자면 '카라바지오 출신의 미켈란젤로'가 된다. 그와 이름이 같은, 그의 대 선배 격인, 우리가 아는 르네상스 화가인 미켈란젤로 때문에 둘을 구분하고자 카라바조라고 부른다. 그는 어린 시절을 고향에서 보낸 후 스무 살 즈음에 로마로 간다. 이십 대의 카라바조는 후원자도 없었고 수입도 일정치 않아 값싼 소품들을 팔아 생계를 유지하며 곤궁한 생활을 했다. 그러던 그의 나이 삼십 가까이에 든든한 후원자를 만나게 되고 이후 그의 그림은 로마에서 유명세를 떨친다. 그러나 그의 거친 성격은 무난하게 성공한 화가로서 안락한 삶을 살게 내버려 두지 않는다. 그는 별것 아닌 일에 살인을 저지르고 도피 생활을 하게 되며 도피 중에도 여러 번 폭행 등의 사건에 연루되었다. 카라바조는 39세라는 젊은 나이에 죽는데, 사인은 원한 관계에 있던 귀족이 보낸 자객의 칼에 맞아서라는 설도 있고, 말라리아 감염으로 인한 열병 때문이었다는 설도, 물감에 있던 납에 중독되어 죽었다는 설도 있다.

그림 속 주인공으로 그는 이상화된 인물의 전형적인 얼굴이 아니라 시장바닥에서 살아가는 생활 속의 이웃이나 자신의 얼굴을 많이 사용했다. 그는 예수의 제자인 베드로나 도마, 마태 등의 얼굴에 옆집에 사는 아저씨들의 얼굴을 그려 넣었다. 그리고 〈다윗과 골리앗〉이란 그림의 모델은 자기 자신이었다. 다윗이 죽은 골리앗의 머리통을 들고 서 있는데 다윗은 10대의 그이고 골리앗은 30대의 그의 얼굴이다. 화면의 구성은 르네상스의 균형과 질서를 완전히 무너뜨리고 비스듬한 구성에 화면의 중앙에 아주 밝은 빛을 주어 마치 연극 무대와 같은 효과를 주었다. 마니에리즘을 넘어선 바로크 양식의 시작이었다. 이러한 새로운 그의 그림에 사람들은 놀라워했으나 그의 그림의 아름다움은 계속 입소문을 탔고, 카라바조는 곧 로마에서 성공한 유명한 화가로 자리 잡는다.

르네상스와 바로크

그의 그림은 순간적인 정지된 이미지를 보여준다. 르네상스의 그림들이 등장인물들을 여럿 등장시켜 각각의 인물의 이야기를 모두 담고 있다면(라파엘로의 〈아테네학당〉을 생각해보자. 그 그림에 나오는 모든 철학자의 이름을 열거하고 각자 취하고 있는 포즈와 그 근거가 되는 사상을 풀어서 쓴다면 책 열 권 분량으로도 부족할 것이다. 다빈치의 〈최후의 만찬〉도 마찬가지이다. 3개의 창과 4개의 무리를 이룬 열두 제자와 각 제자의 손짓과 표정에 관해 이해하려면 신약성경을 모두 읽어보아야 한다. 르네상스의 회화는 이렇게 등장인물도 많고 인물들 각각의 스토리가 따로 있다. 이러한 길고 산만한 이야기들을 한 화면에 넣기 위하여 균형과 비례를 강조해서 그림에 안정감을 부여한다.) 바로크 양식의 그림은 주제가 되는 이야기 중 가장 강렬한 장면을 하나만 골라 전면에 내보이고 나머지는 과감하게 모두 생략해 버린다. (바로크의 선구자인 카라바조의 그림의 배경은 어둡고 배경 속의 인물들은 어둡게 생략되어 처리됨으로써 주인공이 처한 극적인 순간을 더 생동감 있게 만들어준다. 이런 회화의 전통은 이후의 바로크 화가들에게 계속 이어진다.) 즉 르네상스 회화가 상징계에 조금 더 가깝다면, 바로크 회화는 상상계에 조금 더 가깝다.

그래서인지 화가들의 삶도 대조적인 것 같다. 르네상스의 다빈치는 동성애 논란으로 구설에 오르기는 했지만, 우리에게 지적인 열정을 가졌던 천재로 기억되고, 바로크의 시조인 카라바조는 강렬한 그림이 주는 마력은 대단하지만, 살인범과 도망범, 포악하고 거친 망나니 같은 삶을 살았던 화가로 기억되고 있다. 다빈치는 상상계에서 상징계로 잘 전화되어 수학과 과학의 비례와 균형 아래 지적인 작품을 남기고 삶 역시 평온하였다. 반면 카라바조는 어릴 때 아버지(할아버지와 삼촌까지!)를 역병으로 잃고, 아버지로 상징되는 법과 규범의 영향력을 잃어버린 채 자라, 상상계에서 상징계로의 진입이 이루어지지 못하고 마치 아이들처럼 감정과 행동 조절이 힘든 삶을 살았던 것으로 해석될 수 있겠다. 물론 해석적인 풀이이긴 하지만 르네상스와 바로크를 다빈치와 카라바조의 삶과 함께 상징계와 상상계로 비유해 보는 것도 재미있을 것 같다. 물론 여기서 어느 양식이 더 낫고 우월하다는 결론에 이르러서는 아니 된다. 미술 양식은 그 시대의 예술 의지가 다름일 뿐이지 높고 낮음으로 평가되는 대상이 되어서는 곤란하기 때문이다.

자기애

물론 자기애가 나쁜 것은 아니다. 우리가 하는 모든 사랑은 어느 정도는 자기애를 기반으로 하는, 그것의 변형이라 해도 과하지 않을 것이다. 또한, 자기애는 우리의 삶에서 꼭 필요한 자존감을 부여해주는 토대이다. 이미지와 사랑에 빠지는 것도 당연하다. 기왕이면 다홍치마이다. 못생긴 주인공이 나오는 연애 영화에 몰입하기는 어렵다. 날씬한 여성이나 핸섬하고 스타일 좋은 남성에게 눈이 가는 것은 어쩔 수 없다. 그러나 정도의 문제는 있다.

아이가 태어난다. 주위는 어디인지도 모르겠고 모든 것이 낯설다. 춥고, 무섭다. 그래서 인간이라는 존재는 무언가를 거머쥐어야 한다. 그 결여를 상상계는 강하게 충족시킨다. 물론 그것이 완전한 충족이 아니기에 곧 흥미를 잃어버리고 다른 대상을 찾는 것이 바로 우리의 삶이다. 엄마의 얼굴이 처음 나에게로 완전히 들어온다. 그러나 곧 아이는 엄마가 나와는 다른 존재임을 알고 엄마를 상실한다. 그러다 마주친 거울의 모습은 나이지만 진짜 나는 아니다. 좌우도 바뀌고 조금만 위치를 옮기거나 불을 꺼버리면 없어지는 불완전한 나의 모사품이다. '자기애'와 '상상계(이미지)와의 동일시'는 강한 이끌림이라는 점과 그 사랑이 불안정한 토대를 가진다는 점에서 매우 유사하다. 물론 그렇다고 상징계적인, 좀 더 서사를 가지는 것들과 나를 동일시한다고 해서 그 동일시가 완전히 나의 결여를 충족시킨다는 것도 아니다. 인간은 본질적으로 결여 상태인 존재이다.

서사

그러나 한 가지 꼭 생각하고 넘어가야 할 지점은 있다. SNS에서 대부분의 소통을 하는 우리는 이미지와의 사랑에 너무 깊이 빠져 있는 것은 아닌지, '좋아요'에만 익숙해진 우리 자아가 자기애에 너무 도취해 있는 건 아닌지. 그래서 비판을 비난으로 잘못 받아들이고, 비판과 반성이 꼭 동반되어야 할 정신의 성장을 스스로 가로막고 있는 것은 아닌지 생각해봐야 한다. 지금 이 글을 쓰는 카페에도 한 엄마가 돌이 막 지난 아이들에게 유튜브가 나오는 스마트폰을 보여주며 친구와 수다를 떨고 있다. 이미지에 과하게 노출되어 자라는 아이들의 자아는 어떻게 형성이 될까 좀 걱정이 된다.

서사는 이야기이다. 아이와 오랜 시간 눈을 맞추고 이야기를 하며, 연인과 밤새도록 오래 묵은 이야기라도 좋으니 재잘거리며, 자주 틈날 때마다 어떤 책이든 가까이 두고 독서를 하면 주체는 조금 더 안정적으로 자리 잡는다. 서사가 만들어지는 시간은 상징계로의 진입이자 균형된 주체를 형성하는 길이다. 물론 상징적인 것과의 동일시도 우리의 결여를 완전히 채우지는 못한다. 그렇게 우리는 결여의 존재이다. 그러나 주체의 형성이 균형적으로 이루어지지 못할 때 정신의 균형도 심하게 흐트러진다. 물론 누구나 조금씩은 균열이 있다. 우리는 문득문득 삶의 균열이 생기며 나는 나의 온전한 욕망에 조금씩 가까이 다가서기도 한다. 이런 증상이 생기는 장소, 하이데거가 불안이라 명명했던 그러한 장소가 라캉에게는 삶의 진리가 위치하는 곳인데 이는 설명이 길어 본문에서는 생략한다. 어쨌든 라캉은 상상계보다는 상징계적 질서를 더 중요한 과정으로 이해한다. 조금 늦기는 했지만, 그녀도 편의점 일을 하면서 삶의 서사를 이해하기 시작했다. 세상살이만한 텍스트가 또 어디 있을까?

카라바조의 다른 그림 엿보기

제자 도마

"다른 제자들이 그에게 이르되 우리가 주를 보았노라 하니 도마가 이르되 내가 그의 손의 못 자국을 보며 내 손가락을 그 못 자국에 넣으며 내 손을 그 옆구리에 넣어 보지 않고는 믿지 아니하겠노라 하니라."(「요한복음」 20장 25절)

"도마에게 이르시되 네 손가락을 이리 내밀어 내 손을 보고 네 손을 내밀어 내 옆구리에 넣어 보라 그리하여 믿음 없는 자가 되지 말고 믿는 자가 되라."(「요한복음」 20장 27절)

"도마가 대답하여 이르되 나의 주님이시어, 나의 하나님이시나이다. 예수께서 이르시되 너는 나를 본 고로 믿느냐 보지 못하고 믿는 자들은 복되도다 하시니라."(「요한복음」 20장 28-29절)

카라바조는 빛의 영역에 예수님을, 어둠의 영역에 부활한 예수를 의심하는 제자들을 배치해 빛과 어둠의 대비를 통해 인간의 의심을 표현했다. 극적인 빛의 대비를 통해 주제의 핵심 인물들을 화면의 중앙에 선명하게 드러나도록 배치하면서 도마가 예수님의 상처를 확인하는 극적인 장면을 사실주의적으로 그렸다. 그의 그림에서 중세기의 성화에 나타나는 성스러움이나 인자하고 부드러운 성자의 모습을 발견하기는 어렵다. 주인공들의 모습은 동네 골목 어디서든 매일 마주치는 이웃처럼 평범하고, 주름진 얼굴이나 남루한 옷가지는 다른 도상학적 상징을 빼면 20세기 초의 사실주의 화풍의 그림이라 해도 믿을 것 같다.

그림에서 네 사람의 시선은 한 곳을 향하고 있다. 예수님은 옷자락을 걷어 올린 채 옆구리를 드러내어 창날에 찔린 상처를 보여주고 있다. 이마에 깊은 주름이 잡힌 도마는 왼손을 허리에 얹은 채 오른손을 뻗어 예수님의 상처 자국에 손가락을 넣고 있으며 도마 뒤에 서 있는 다른 두 제자 역시 장터 노름판의 바람잡이 같은 자세로 서 있다. 이 그림에는 어떤 외경심도 드러나 있지 않다. 도마는 마치 너의 거짓말을 내가 밝혀내고야 말겠다는 표정으로 예수님에게 눈길조차 주지 않고 있다. 의심은 이 그림에서 노골적으로 표현되고 있다.

의심

중세는 의심이 허용되지 않는 시대였다. 세상의 만물도 인간의 삶도 신이 예정해 주신 것이었으며, 인간의 의무는 신의 뜻대로 살거나 혹은 신에 가까이 도달하기 위해 신의 바람과 생각대로 살아가는 것이었다. 의심은 곧 신의 예정을 부인하는 것이었으며 이는 주어진 삶을 신의 뜻에 따라야 하는 인간의 의무에 정면으로 어긋나는 것이었다. 그러나 카라바조의 시대는 중세가 서서히 저

묻고 있었고 루터의 종교개혁으로 개신교라는 가톨릭의 강력한 견제 세력이 등장했으며, 이미 르네상스 시기를 좀 지난 17세기의 초입이었다. 그래서였을까? 카라바조는 도마의 의심을 불경스럽게 표현하고 있는 것 같진 않다. 오히려 의심은 인간의 삶에 필요한 것이라고 말하는 것 같다. 이 그림에서는 의심하는 도마에도, 의심을 풀려고 옆구리를 보여주는 그리스도의 얼굴에도 의심에 대한 불경이나, 의심에 대한 질책의 표정은 찾아볼 수 없다.

의심이 부정되는 사회는 권력자가 권력을 마음대로 휘두를 수 있는 사회이다. 바로 그런 이유로 가톨릭은 스스로 세속적인 권력이 되어 부패했으며, 마르틴 루터의 종교개혁이 일어나는 계기가 된다. 그리고 유럽은 종교전쟁의 시대를 맞이한다. 의심은 피지배계층의 강력한 무기이다. 근대는 의심의 시대이다. 근대의 정치적인 각성과 의심은 종교적으로는 가톨릭의 부패에 의해 촉발되었으며, 철학적으로는 존재에 대한 의문에서 시작되었다. 의심을 최초로, 또 전면적으로 도입한 철학자는 카라바조와 비슷한 시대를 살았던 프랑스의 르네 데카르트(1596~1650)였다. 신의 그림자가 완전히 물러나기 전인 17세기 중엽, 데카르트는 신의 그늘 없이 인간의 존재를 정의하려 하였다. 이전까지 모든 것이 신의 말씀으로 규정되어 있었기 때문에 인간의 존재를 규명하기 위해서 그가 과거에서 배워 이용할 수 있는 방법론은 거의 없었다. 따라서 그는 '의심이라는 무기'를 사용했다. 그는 모든 것을 의심했다. 그때까지의 학문 체계, 그때까지의 지식체계, 심지어 그의 눈앞에 보이는 모든 사물의 존재까지. 그의 의심은 전방위적이었고 전면적이었다. 그런데도 그는 단 하나의 사실에 주목했는데 '나는 의심하고 있고 의심하고 있는 내가 여기에 존재하고 있다'는 것은 명확한 사실이었다. 그래서 그는 '나는 사유한다. 나는 존재한다.'라는 철학사에서 가장 유명한 명제를 만들어냈다.

믿음은 두 얼굴을 가진 분열증적 생명체이다. 나의 삶을 가치 있고 빛나게 만들어주기도 하고, 나의 삶이 끝없는 굴종과 착취의 골짜기로 떨어지도록 등을 밀어버리기도 한다. 맹목적인 믿음의 시대는 이제 사라지고 있다. 의심과 질문이 나오지 못하게 가로막는 모든 것과 우리는 싸워야 한다. 데카르트는 그의 시대에 규정적으로 작동하던 진리와 학문과 믿음의 체계 모두를 의심했다. 그렇다면 현대를 사는 우리는 동시대의 믿음에 대해 무엇을 의심할 수 있을까? 우리에게 자명해 보이는 것들, 우리가 진실로 믿고 있는 것들에 관한 질문을 우리는 제대로 하는 것일까?

데카르트에 대한 의심

데카르트는 기존의 모든 지식체계와 진리를 의심했다. 우리도 데카르트가 자명하다고 생각했던 '나는 생각한다. 고로 나는 존재한다.'에 대해서 데카르트처럼 의심을 해보자.

첫째, 내가 생각하지 않고 있는 시간에는 나는 존재하지 않는 것일까? 잠이 들거나, 정말 아무 생각 없이 멍하니 있을 때나, 습관처럼 이를 닦거나, 출근길을 걸어가거나, 신발 끈을 묶을 때 별다른 생각을 하지 않는다. 그 순간도 나는 존재하고 있을까? 아니면 사유가 없는 상태이므로 존재하고 있지 않은 것일까?

둘째, 생각이라는 것은 나의 의지로, 능동적으로 생겨나는 것일까? 다른 말로 하자면 인간의 사유는 자발적일까? 내가 사유할 때 그 능동적인 주체인 내가 존재한다고 나는 알 수 있을까? 나의 사유가 주체적인 것의 산물이 아니라 외부 환경에 의해 수동적으로 벌어지는 일이라면, 사유하고 있다고 주체의 '있음'을 자신할 수 있을까? 예를 들어보자. 나는 방에 들어갈 때 항상 문고리를 잡고 오른쪽으로 돌린다. 그런데 습관적으로 방에 들어가며 나는 생각하지 않는다. 보통은 습관적으로 손잡이를 여는 행위를 할 뿐이다. 사유는 내가 문을 열며 문고리를 오른쪽으로 돌렸을 때 돌아가지 않거나, 아니면 있어야 하는 문고리가 없을 때 생겨난다. '이게 왜 없지?' 혹은 '고장 났나?' 하는 '생각'은 그때야 시작된다. 그래서 생각한다는 것이 나의 존재 이유가 되지 못한다. 생각은 '내가 하는 것'이 아니라 외부에 의해 '생각되게' 하는 것일 수 있기(것이기) 때문이다.

셋째, 생각의 내용 중에서 나의 고유한 부분이 얼마나 될까? 내 생각이라는 것은 대부분 인터넷 기사 어디에서 읽었던 내용이나

TV에서 봤던 내용, 또는 선생님이나 부모님에게 들었던 이야기들, 그리고 경험에서 축적된 지식 중 내가 마음에 드는 부분을 편집해서 엮어놓은 이야기책 같은 것이다. 그렇다면 그것은 엄밀히 나의 고유하고 독창적인 생각이라 할 수 없는데, 나는 내 것이라고 말할 수 없는 '내 생각'에 의하여 존재한다고 주장할 수 있는 것일까?

주체는 사전적으로 '사물의 작용이나 어떤 행동의 주가 되는 것'이다. 데카르트는 '나'라는 주체의 존재근거를 '사유'에서 찾았다. 그리고 그 명제를 의심할 수 없는 자명한 것으로 생각했다. 그러나 그 이야기에 대한 의심은 계속되었다. 그리고 새로운 이론들의 생성이 그 의심을 바탕으로 이루어졌다. 그리고 또 의심은 지금도 지속되고 있다. 이렇게 의심하는 도마와 모든 것을 의심하던 데카르트를 다시 의심해 보았다. 믿음과 의심. 살아가면서 항상 주의하고 주의해도 모자랄 것 같지 않다. 이렇게 결구를 써본다.

> '너는 네가 아는 것과 네가 (알고 있다고) 믿는 것을 구분할 수 있느냐?'

〈알렉산드리아의 성 카타리나〉

도상학

도상학은 쉽게 '선지식'으로 이해해도 크게 어긋나지 않는 말이다. 회화에는 언어로 이루어진 내레이션이 없으므로 그려진 대상이 뜻하는 의미를 미리 알지 못하면 작품의 올바른 이해에 다가가기 어렵다. 날개가 달린 사람과 함께 있는 여인이 그림에 있을 때, 성경에 대한 선지식이 없다면 마리아의 수태를 알려주는 천사를 그린 그림인지 관람객은 알 수가 없다. 이러한 상징을 도상이라 하고 영어로는 아이콘(icon)이라고 한다. 우리가 흔히 쓰는 아이콘이라는 단어의 유래이다. 즉 백합은 순결의 아이콘이고 강아지는 충직의 아이콘이다. 이 그림에는 주인공이 누구인지 말해주는 아이콘이 두 개 있다. 수레바퀴와 칼이다. 특히 수레바퀴가 여성과 함께 있는 그림을 본다면 '아~ 카타리나군!'이라고 큰 소리로 이야기해도 괜찮다. 그런데 그림 속의 여인은 어찌 위태롭게 창살이 박힌 수레 곁에 있는 것일까? 칼은 정의의 아이콘이다. 어쨌든 주인공은 매우 정의로운 인물임에는 틀림이 없다. 불의한 인물은 칼을 들고 있을 자격이 없다. 고전 미술의 도상과 그 의미는 틀리지 않는다. 현대미술은 물론 아니지만.

알렉산드리아는 이집트 북부의 도시이다. 마케도니아 출신의 알렉산더 대왕이 직접 그의 이름을 따서 건설했다. 로마 시대에 알렉산드리아에 카타리나라는 이름의 공주가 있었는데 그녀는 독실한 기독교인이었으며, 매우 총명하고 학식이 높아 학자로도 이름을 알렸다. 그러나 그녀는 반체제 인사였다. 황제는 기독교를 전파하고 권력을 비판하던 그녀를 죽이려 아무도 들어가지 못하는 감옥에 가두었지만 12일 동안 신이 비둘기를 보내 음식과 물을 전해주었다고 한다. 그러자 황제는 결국 못이 박힌 바퀴를 돌려 그녀의 몸이 찢겨 죽게 하는 형벌을 내리지만, 그만 바퀴가 부서져 구경꾼들에게 튀는 바람에 구경하던 사람들이 대신 죽게 되었다. 황제는 다시 그녀에게 참수형을 명했는데 형이 집행되자 잘린 그녀의 목에서 피 대신 우유가 흘러내렸다고 한다. 이후 카타리나는 성인으로 공경받게 되고, 화가들이 좋아하는 소재가 된다. 그래서 그녀를 그리는 화가들은 못이나 창이 박힌 바퀴나 정의의 칼, 순교의 상징인 종려나무잎이나 가시면류관, 학자를 상징하는 책 등을 함께 그려넣는다.

카타리나는 성녀이다. 그래서 라파엘로나 핀투리키오 등 화가들의 그림을 보면 카타리나는 온화하고 순결한 이미지로 묘사되어있다. 그러나 카라바조의 카타리나는 성인이라기보다 세상과 계속 전투 중인 전사이다. 끝없는 전투 중 잠깐 수레바퀴 옆에서 몸을 숨기고 숨을 고르는 듯하면서, 곧 다음 전투지에 가서 긴 칼을 휘두르며 세상의 편견과 억압에 맞서 싸움을 시작할 것 같은 눈빛으로 그녀는 편안히 정면(에 있는 남성 혹은 권력자를)을 바라보고 있다. 표정은 이제 흥분을 금방 가라앉힌 듯 여유롭고, 바퀴의 중심축에 한쪽 다리를 걸쳐놓고, 어깨 위의 위태로워 보이는 날카로운 창날에 전혀 신경 쓰지 않는, 지치지 않는 전사의 모습이다. 이 그림을 보면 항상 도망자였고 폭력과 살인으로 욕을 먹던 카라바조를 왜 당대의 영향력 있는 인물들이 보호하려 애썼는지 알 수 있다. 천부적인 재능과 기존과 다른 시각은 우리에게 감동적인 작품을 내어준다. 예술에서의 혁명가였던 카라바조가 현실에서의 혁명가인 카타리나를 그렸다. 혁명가가 혁명가를 그려서인지 너무나 매력적이다. 그녀는 책과 칼을 무기로 가졌다. 그리고 관람자들을 똑바로 응시하며 묻는 듯하다. 당신들은 무엇을 손에 쥐고 자신을 외부의 폭력으로부터 보호할 것이냐고. 무슨 무기로 세상과 싸울 것이냐고. 그리고, 어떤 가치를 위해 삶이라는 싸움을 벌이고 있는 것이냐고.

차르다시 댄서

에른스트 키르히너

조에와 비오스

이 그림을 만난 날은 기억이 잘 난다. 수개월째 직원들을 향해 거의 매일 언성을 높이던, 그래서 누구보다도 잠 하나만큼은 잘 잔다고 평생을 자부하고 살았던 나에게도 극심한 스트레스로 인한 불면증이라는 불청객이 찾아왔던 무렵의 주말이었다. 직원들과의 불화는 끝이 보이지 않았다. 직원들은 한통속이 되어 무슨 일이라도 있으면 곧 집단사직이라도 할 듯한 뉘앙스의 말들로 나를 압박하면서 그들의 요구를 주장하고 있었고, 환자들은 줄어들고 있었으며, 집에서는 아이들이 한참 사춘기라는 외계의 코스모스적 공간에 머물며 부모의 속을 매일같이 뒤집던 그런 봄날 중의 하루였다. 어두운 터널 안에 갇힌 듯한 나의 마음과는 반대로 부드러운 햇살이 내가 밟는 길거리의 블록 위에도, 앞서 걷는 아이의 부드러운 손등 위에도, 엉덩이를 씰룩대며 우쭐거리며 걷는 강아지의 노란 털 위에도 골고루 따스하게 내리쬐고 있었고, 달짝지근한 바람은 부드럽게도 살랑거렸다.

마음과 사물의 극심한 대비를 부조리하게 느끼며 길을 걷다가, 갤러리에 전시된 한 뜨거운 그림 앞에 발이 마치 자석처럼 붙들렸다. 거친 배경에 단순화된 선의 형태로 춤을 추는 무희들이 있었다. 벌거벗은 생, 원초적 생의 생동력이 화면 위로 솟구쳐올랐다. 누구의 그림인지 물어보니 키르히너의 '차르다시 댄서'라는 그림의 복사본이라는 대답이었다. 그림을 보는 순간 헝가리 춤곡이 리듬감 있게 귓가에서 들리는 듯했고, 순간적인 공감각적 경험이 나를 에워쌌다. 예술은 – 이유는 명확하지 않지만 – 힘들고 지친 영혼에 위안을 준다. 이 그림을 바라보는 순간 복잡함과 괴로움으로 가득 차 있던 가슴 한가운데가 시원하게 뚫리는 바람 소리가 났다. 연민과 집착에서 잠시나마 놓여났고, 순간적이었지만 평정심을 유지할 수 있었다. 원시와 야생의 모습은 그것이 폭력적이든 자해적이든 선정적이든 불편하면서도 아름답다. 『폭풍의 언덕』의 히스클리프나 『노트르담의 꼽추』의 콰지모도를 떠올려보라. 기존의 질서에 포섭되지 않거나 혹은 포섭되지 못하는 존재의 삶을 보면서 한편으로는 공포와 두려움을 느끼지만 다른 한편 그들의 정화되지 않은 감정을 관음증적으로 관찰하며, 우월감과 함께 묘한 부러움을 같이 느끼는 것이 질서에 잘 길든 우리가 갖는 양가감정이다.

길들지 않은 존재에 대해 갖는 불편함은 우리 의식의 시선이다. 의식은 항상 무언가 두터운 것을 걸치고 있다. 예의든, 체면이든, 도리든, 최소한 속옷 한 장이라도. 의식의 층위는 당연히 균형과 질서 있게 구성된 형태와 자극적이지 않고 조화로운 색채를 가진 그림(전형적으로 르네상스의 회화나 고전주의 화풍이 그러한 범주에 들 것이다.)을 선호한다. 인류의 가시적, 표층적 문명의 주류는 대부분 그러하다. 문명의 시작이라 일컬어지는 그리스 문명부터 그랬다. 아리스토텔레스는 사회화된 인간을 '비오스', 사회화되지 못한 인간(즉 신체 그 자체로서의 인간)을 '조에'라고 불렀다. 물론 그 호명의 속내에는 조에에 대한 비하가 담겨있다. 사회적인(아리스토텔레스에게 사회라고 함은 작은 도시국가 형태였던 폴리스를 말한다. 그가 가르쳤던 제자인 알렉산더가 전 유럽과 아시아, 아프리카를 아우르는 대국을 만들고 있었음에도 아리스토텔레스의 사유는 폴리스적인 사고에 머물렀다. 그렇지만 지금 우리는 아리스토텔레스가 말하는 '사회'를 훨씬 큰 단위의 '국가'와 같은 의미로 쓰고 있다.) 덕을 중요하게 생각했던 아리스토텔레스에게 아마 히스클리프나 콰지모도 같은 '조에'는 빨리 사회화를 시켜야 할 대상이거나 혹은 사회에서 격리해 감금해야 할 대상이었을 것이다.

무의식의 미감

무의식은 질서나 규범을 잘 따르지 않는다. 라캉에 의하면 무의식은 충족되지 못하는 충동 덩어리이다. 언어적인 법과 규범의 질서가 빈 곳을 대신 채워주고는 있지만, 완전히 충족시키지 못한다. 그러한 결여의 틈으로 욕망이 생성된다. 분명 욕망은 대상이 있지만 그 대상이 충족되더라도 욕망은 사라지지 않고 또 다른 대상을 향한다. 즉 욕망은 대상을 손에 넣으려 하지만 그 어떤 대상도 욕망을 영원히 충족시킬 수 없다. 그리고 다른 대상을 찾거나 더 많은 것을 원한다. 돈을 욕망하고, 권력을 욕망하고, 멋지거나 예쁜 이성에게 받는 로맨틱한 사랑을 욕망하다가 그중에 무엇이 쟁취되든 우리는 또 다른 무엇을 다시 욕망한다. (즉 돈을 욕망하는 건 돈이 없어서가 아니고 권력을 욕망하는 것은 권력이 없어서가 아니라는 말이다. 그것이 충족되는 순간 우리는 금방 다른 욕망을 가진다.) 이를 라캉은 대상이 끊임없이 치환되는 '욕망의 환유 연쇄'라고 말했다. 어떤 대상이든 욕망을 완전히 채우지 못하는 이유는 욕망이 처음부터 '특정한 대상'의 결핍에서 생긴 것이 아니라 그냥 '결핍'에서 생기는데 그 결핍은 메울 수가 없다는 말이다.

그렇다면 우리는 어떻게 해야 하나? 우린 영원히 메워지지 않는 결핍과 그 파생물인 욕망을 좇아다니느라 생의 시간을 다 허비하는 불쌍한 존재들인가? 계속 굴러내리는 돌을 산꼭대기로 올려놓아야 하는 형벌을 받은 시시포스인가? 그러나 다행히 결핍에서 시작된 욕망이 그나마 조금은 채워지는 대상들이 세상에 있다. 바로 사랑과 예술이다. 정신의학에서 무의식이 발견된 이후의 현대 예술에서는 훌륭한 예술일수록 그 작품은 의식을 비켜나 있다. 현대의 미술은 캐논을 완전히 무시한다. 현대의 음악은 화성을 무시하며, 현대 소설은 맥락에서 자유롭다. 현대 시는 시어를 아름답게 다듬지 않는다. 무의식에 가깝게 접근해 있는 예술품은 부글 부글 끓어 넘치는 우리의 무의식을 잠재운다. 키르히너의 그림을 보라. 형태가 아름답기는커녕 초등학교 아이들의 그림인 양 거칠고 어설프다. 색은 대상이 눈에 비치는 것과는 아무 관계 없는 색깔의 크레파스로 아이들이 막 칠한 것 같다. 그러나 원색이 마음껏 춤을 추고 있는 이 그림은 의식으로 설명하기 어려운 어떤 아름다움을 선사한다. 이 그림을 아름답게 느끼는 관람자의 무의식은 무질서와 뒤바뀜, 거짓말과 역동성을, 혹은 조에의 벌거벗은 욕망을 동경한다.

에른스트 키르히너(1880~1938)

키르히너는 20세기 초반 독일에서 활동했던 표현주의 화가이다. 그는 1905년 독일의 드레스덴에서 브리케(다리파)라는 그룹을 결성하는데 그들은 대상의 형태를 단순하게 변형시키고 원초적인 색채를 사용했다. 즉 대상의 형태는 처음부터 진지한 고려의 대상이 아니었다. 이 전의 인상주의가 대상이 빛에 반사된 표면의 인상을 그대로 화폭에 담음으로써 대상의 외면을 어떻게 묘사하느냐에 대한 방법이 고전주의와 달랐다면, 표현주의는 대상의 외면 자체를 아예 무시하거나 단순화시켜 대상의 내면에 있는 감정이나 고통을 그리려 했다는 점에서 고전주의와 달랐다. 다리파라는 이름은 니체의 '위대한 인간은 스스로 목적이 되는 것이 아니라 위버멘쉬와 짐승을 잇는 다리(교량으로서의) 같은 존재이다.'라는 글에서 빌렸다. 즉 전통과 미래를 이으며 더 진보한 예술을 창조하는 다리 역할을 하겠다는 의도에서 스스로 그렇게 불렀다고 한다.

그러나 다리파는 키르히너 자신의 경솔하고 무책임한 행동 때문에 해체된다. 키르히너는 1913년 「브뤼케파의 연감」이라는 인쇄물에 다른 멤버들과의 교감도 없이 자신을 다리파의 대표적인 미술가로 넣어서 동료를 화나게 하였고, 자신이 프랑스의 표현주의에 해당하는 야수파의 영향을 받지 않았다는 것을 강조하려고 자기 작품의 제작일을 연감에서 조작하기도 하였다. 이러한 그의 행동은 얼핏 보면 야비하게 생각되지만, 한편으로는 그의 예술가로의 자존심이 얼마나 센지 미루어 알 수 있는 대목이기도 하다. 결국, 그는 그 자존심 때문에 스스로 목숨을 버리게 되지만. 위의 〈차르다시 댄서〉는 그가 베를린으로 가기 전 마티스와 뭉크의 영향을 받아 그린 그림으로 생각된다. 단순화된 형태의 윤곽선에 강렬한 원색의 사용으로 원시적인 생동성을 표현하는 힘찬 화풍의 그림이다. 나중에 베를린으로 이사를 한 이후 베를린 시절의 그림과는 다른 화풍을 보여준다.

베를린 시절 그는 전쟁과 죽음에 대한 불안감으로 도시의 사람들을 어둡고 불안정한 색채와 날카로운 각진 선들, 왜곡된 형태를 통해 표현하였다. 위의 그림과는 다르게 베를린 시기 그림의 인물은 길고 뾰족한 느낌이 들 정도로 날카로운 윤곽선으로 그려진다. 전쟁 후 패전의 절망과 높은 인플레로 희망을 잃고 흥청거리는 도시의 정서가 그러한 형태로 표현된 것이다. 그가 도시를 보면서 느꼈던 긴장과 타락, 혼란과 절망은 현재 우리가 사는 도시에서도 똑같이 느낄 수 있다. 매일 아침 포털사이트의 뉴스를 통해 올라오는 우울한 사회를 반영하는 어두운 범죄 소식들, 밤거리를 나서면 어김없이 보이는 번쩍거리는 유흥가의 불빛과 붉은 교회의 십자가들을 생각해보라. 도시는 이중적이다. 언제나 누릴 수 있는 편리함과 즐거움이 있는 공간이면서 공동체에서 멀어진 개인적인 고독과 알 수 없는 불안으로 휩싸인 공간, 생동적인 삶이 넘치는 듯하지만 죽음에 가까운 무채색이 더 가까운 공간. 그래서일까? 역설적으로 그의 그림은 뜨거운 초기의 그림이든, 차가운 후기의 그림이든 불안한 우리를 그 불안에서 해방시킨다.

그녀의 해방

그녀는 대구가 고향이고 결혼과 함께 남편을 따라 울산에 왔다고 했다. 부부가 함께 교사였고, 아이들도 별 말썽 없이 잘 자라고 있는 평범한 중산층이었다. 오랜 시간을 환자로 만나 제법 안면이 익은 환자였는데 진료 도중 갑자기 눈시울을 붉히며 고민을 털어놓았다. 우연히 남편의 메일함을 열어 보았는데 전 직장의 여선생님이랑 주고받은 메일이 엄청나게 쌓여 있었다고 했다. 떨리는 손으로 메일을 확인하니 그 내용에는 보고 싶고 그립다 등의 애정 표현부터 그날의 날씨, 아이들 이야기, 금전 문제에 대한 고민 등 서로의 일상이 모두 공유되고 있었고, 심지어 자신과 있었던 잠자리에 관한 이야기나 부부싸움 했던 이야기까지 나왔다. 여러 일에 대한 위로나 조언을 주고받으면서 서로에 대한 그리움 역시 표현되어 있었다. 그리고 그들 둘이서 갔던 식당이며 산책길, 카페에 관한 이야기도 있었는데 대부분 남편과 그녀와의 추억이 남아있는 장소들이었다고 했다. 그녀는 하늘이 무너지는 듯 충격을 받았지만, 그 메일에 대해 말하는 순간 그녀의 모든 일상이 파괴될 것임을 직감했고, 두려움에 아무 말도 남편에게 하지 않았다. 그리고 이듬해 남편이 자신에게 한 마디 상의도 없이 시댁에 억대의 돈을 줬다는 사실도 알았다. 하늘이 캄캄했다.

– 그러던 중 주말에 경기도의 한 연수원에서 삼일 일정으로 교직원 연수가 있었어요. 연수를 마치는 날 오후 힘든 마음으로 무작정 서울로 갔어요. 예술의 전당에 마크 로스코 전시회가 있어서 무턱대고 들어갔어요. 그리고 네 시간여를 그의 그림 앞에서 꼼짝할 수가 없었어요. 그림 앞에 서는 순간 무언가 굉장한 힘이 가슴을 짓눌렀어요. 그리고 그 네 시간여를 계속 울기만 했어요. 소리를 내지 않았는

데 눈물만 쉼 없이 흘렀어요. 전시를 마치는 시간이 되었다고 나가달라는 진행요원의 말이 없었다면 몇 시간도 더 있었을 것 같아요. 로스코의 그림이 마치 내 곪아 터진 상처를 둔탁한 망치 같은 걸로 계속 내려치는 것 같았어요. 그게 아파서 눈물이 줄줄 흘러내렸는데 울면 울수록 마음이 가벼워지는 걸 알 수 있었어요. 그 길로 내려와서 남편에게 이혼하자고 말했어요.

다행히(!) 그녀는 미술교육과 출신이었다. 원장님도 마크 로스코를 아시느냐고 신기한 듯 바라보더니 이후에는 동지라도 만난 듯 전시장에서 느꼈던 감상을 줄줄 이야기했다. 나는 그때 키르히너의 그림을 보고 위안을 느꼈던 당시의 기억이 떠올랐다. 물론 그녀가 느꼈던 해방감은 나와는 비교도 되지 않게 컸던 것 같다. 정작 마크 로스코는 자살로 삶을 마감했지만, 그의 그림이 그녀에게는 또 다른 치유와 용기를 선물한 것 같다고 생각했다. 잘 밀봉되어 있던 억압이 어떤 이유에서 틈을 비집고 나오는 때가 있다. 그녀가 마크 로스코의 그림을 보았을 때 그때까지 잘 밀봉되어 억압되어 있던 거시기(프로이트의 무의식의 영역을 지칭하는 말)가 울타리를 부수고 뛰쳐나갔다. 무의식의 공간이 로스코의 그림을 통해 그녀의 의식과 비로소 만나게 되었다. 엄격한 도덕률이 지배하는 의식의 내부와는 다른, 역설적으로 그곳에 카타르시스와 해방이 넘치는, 에너지가 폭발하고 춤을 추는 역동적인 공간이 그림을 통해 드러났다. 로스코의 그림 앞에서 그녀는 해방의 에너지를 한껏 먹었다. 울타리 안의 질식할 것 같던 억압에 지쳐 답답해하던 자아는 그 에너지를 먹고 비로소 잠잠해졌다. 그 이후로 한동안은 그러했을 것이다. 그리고 그녀는 당당하게 이혼을 요구했다. 결과적으로 그녀는 직장도 아이들도 잃지 않았다. 그녀에게는 의외의 선물을 너무도 많이 받은 날이었을 것이다. 그리고 그것이 가끔이라도 우리가 예술작품을 보러 다녀야 하는 이유이다.

철학이 주는 위안 - 플라톤, 니체, 라캉이 나에게 전해준 이야기

이 그림을 만날 무렵 나는 관계의 미숙함으로 힘든 시기를 보내고 있었다. 직원들과의 갈등은 끝이 보이지 않았고 나의 경솔한 행동으로 말미암아 행여 단체로 사표라도 낸다면 당장 진료가 불가능한 상황이었다. 지금이라면 얼마간 병원 문을 닫는 일 정도는 별일 아니게 넘어갈 수 있지만, 당시 생각으로는 병원의 평판과 이미지에 큰 타격을 주는, 있을 수 없는 일이었다. 나는 나의 일에 너무 매몰되어 있었고, 병원 운영에 관해서는 나름대로 완전함을 추구하고 있었다. 사실 일이 그 지경까지 간 것은 직원들만의 잘못은 아니었을 것이고, 당연히 나의 잘못도 컸을 것이다. 그렇게 불면증에 시달리며 지쳐가고 힘들어할 때 아내가 몇 권의 철학 개론

서를 건네주었다. 현실을 잊고 싶기도 했었던지 몇 달을 집중해서 읽었다. 나의 구체적 삶과 전혀 관계없는 이야기들이었다. 그러나 조금씩 흩어진 사유의 파편이 모여지다 보니 어렴풋이나마 종합이 이루어지고 나의 삶 전체가 그 종합 아래의 한 지점에서 관조적으로 보였다. 시각이 달라지니 보이는 풍경이 달라졌다. 삶을 다른 관점에서 바라보게 도와준 플라톤, 니체, 라캉은 이런 이야기로 당시의 나를 위로하고 있었다.

플라톤

큰 동굴이 하나 있네. 사람들은 동굴 안에 옹기종기 모여 앞에 펼쳐져 있는 흰 장막을 바라보고 있어. 그 장막 뒤에는 횃불이 있고 횃불과 장막 사이로 사물들의 모형이 하나씩 지나가네. 그러면 사람들은 장막에 비추어진 사물들의 그림자를 부며 그것이 사물이라고 알고 살아가네. 그림자를 진짜 사물로 알고 평생을 살아가는 거야. 그게 모형의 그림자라는 것을 알지 못한 채 말이네.

그런데 어느 날 아주 용기 있는 자가 동굴 밖으로 눈을 돌리네. 저 밖엔 무엇이 있을까? 호기심을 억누르지 못한 그는 홀로 동굴 밖으로 나온다네. 그리고 동굴 밖의 진짜 세계를 보지. 진짜 세계를 처음 볼 때는 눈이 부시다 못해 아파서 눈을 감지만 차차 그의 동공이 열리고 바깥의 세계를 파악한다네. 그는 진짜 세계를 지각하게 되고 곧 장막에 비쳤던 그림자는 사물의 허상에 불과한 것이라는 것을 알아차리지. 그는 비로소 진짜 세상이 무엇인지 알게 되고 평생 자신이 보아 온 것은 허상이며 진짜의 모조품에 불과한 것이었다는 것도 알게 되지.

그리고 그는 다시 동굴 속으로 들어가서 사람들에게 바깥의 진짜 세상에 관해서 이야기해주고 사람들을 동굴 밖으로 끌어내려 한다네. 바깥의 진짜 세상을 보라고 말이야. 그 결과는 어떠하겠나? 장막에 비친 그림자를 진짜 세상이라 믿으며 살았던 사람들은 그를 미치광이 취급하거나 위험한 놈이라 생각하고 그의 말을 믿지 않아. 지금 세상이 내 눈앞에 다 펼쳐져 있는데 뭔 헛소리냐고, 장막에서 눈을 돌리는 건 바보 같은 짓이라고.

물론 나의 이 동굴의 비유는 이데아론(플라톤은 우리 앞에 펼쳐진, 눈으로 보는 세상은 허구이며, 우리 눈에는 보이지 않는 (비가시적) 신의 영역에 각각의 '사물'들에 조응하는 '사물들의 이데아'가 있으며, 그 이데아가 참된 존재이고 이데아의 세계만이 실재한다고 생각했다. 반면 우리가 몸담은 세상은 이데아의 세계를 모방한 복제이며 실재하는 세상이 아니라고 했다. 동굴 밖으로 나온 이는 바로 진리에 더 근접한 철학자인데 사람들은 거짓 세상에 익숙해서 철학자의 말에 귀 기울이지 않는다고 했다.)을 설명하기 위한 비유였지.

그러나 지금껏 자네의 삶을 한번 돌아보게. 자네는 무엇을 세상의 진리라고 믿고 살고 있는가? 다른 사람들이 보여주는 대로 돈을 벌고 좋은 집을 사고 식구들을 호강시키는 것이 인생의 전부라고 믿고 있지 않은가? 자네는 지금 그 헛된 믿음 때문에 고통받고 있는 것이야. 자네가 전부라고 믿는 자네의 동굴에서 한번 나와보게나. 무엇이 기다리고 있는지 궁금하지 않은가? 자네의 진짜 삶을 만나보고 싶지 않은가? 자네는 어떤 사람이 되고 싶은가? 왜 자네는 고통받는가? 병원 경영 때문이지? 그렇다면 돈 때문이기도 하겠지? 식구들을 위해서라고? 정말 그렇게 이타적인가? 솔직히 자네 욕심 때문이 아니고?

니체

"부를 축적하지만, 그들은 점점 가난해진다. 그들은 권력을 원하며 그 무엇보다도 먼저 권력의 지렛대인 돈을 원한다. 그들은 앞을 다투어 남을 타고 기어오르다가 모두 진흙과 나락으로 떨어진다. 그들은 모두 왕좌에 오르려고 한다. 마치 행복이 그 왕좌에 있기라도 한 것처럼."

"나는 지배자들이 오늘날 무엇을 두고 지배라고 부르는지 보고는 그들에게서 등을 돌리지 않을 수 없었다. 나는 오랫동안 귀가 먹고 눈이 먼, 그리고 벙어리가 된 불구자처럼 살아왔다.

의지는 권력을 추구하는 천민들, 글이나 갈겨쓰는 천민들, 그리고 쾌락이나 쫓는 천민들과 함께 살지 않기 위해서다."

내가 이렇게 말하지 않았나. 일단 내 표현이 꽤 극단적이고 자뻑이 좀 심해 보이거나 선정적으로 읽히는 건 이해해주게. 뭐 실제로 좀 그렇기도 하지만(사실 내가 좀 잘 나기는 했지. 여자들에게 인기가 없어서 탈이지만. 흠.) 사람들의 삶을 들여다보고 있자면 울화통이 터져서 말이야. 내가 말했던 위대한 존재인 위버멘쉬(초인)는 권력과 돈이나 세속의 성공이 아닌 내적인 강함을 이루어낸 존재이지 않나. 자네의 괴로움은 어디를 혹은 무엇을 향해 있나? 자네를 둘러싼 무리의 사람들 속에 있지 말게나. 무리 지어 떠들고 다니는 이들의 바람을 자네의 바람으로 바꾸어 버리지 말게나. 부탁이자 당부일세.

참, 마이크를 잡은 김에 말인데, 신을 죽였다는 말을 했다고 내가 무신론자니 어쩌니 말들이 많은데 말이야. 내가 독실한 신자인 것은 알고 있지? 내 이야기는 신은, 즉 신성함은 이미 죽었다는 말이기도 하고 인간들이 형이상학에서 빠져나와야 한다는 이야기이기도 해. 그러나 인간들은 신이 죽은 다음 다른 신을 곧바로 영접했다네. 그것이 지금껏 자네가 모시고 살았던 자본의 신, 돈의 신 즉 물신(物神)이야. 자네의 괴로움은 어디에서 시작되었나? 자네도 무리 지어 다니는 이들의 신이 되어버린 물신을 모시고 살고 있지? 무리 지어 다니는 이들의 신을 따르지 말고 자네의 신을, 혹은 자네 내부의 신성함을 믿고 따르게나. 막상 그렇게 해보면 별일 없다네. 굶어 죽지도 않아. 안 믿기겠지만 자네는 더 윤택한 삶을 살게 될 거야. 못 믿겠다고? 그렇더라도 설마 지금보다 나빠지겠나? 그렇게 살아보게나. 이것이 나의 충고일세.

라캉

사실 나는 철학자는 아니고 정신과 의사이긴 하지만 인간 정신의 해부에는 일가견이 있으니까 실례를 무릅쓰고 한마디 거들겠네. 먼저 자네의 그 괴로움의 근원에 관한 이야기인데 고통은 자네 욕망의 대상이 성취되지 못했을 때 생겨나지. 그럼 자네의 욕망이 무언지 한번 들여다보세.

일단 인간은 태어나서 자신이 엄마와 한 몸이라고 생각하네. 엄마와의 합일 안에서 충만함을 느끼지. 그리고 이때 자신의 몸에 대해서는 눈에 보이는 대로, 그러니까 팔 따로 발 따로 몸이 따로 있다고 알게 되네. 이때를 상상계라고 해. 눈에 보이는 이미지를 바탕으로 그 이미지가 바로 나라는 상상에 의해 나와 세상을 파악하는 거지. 또 그럴 수밖에 없는 때니까.

그러다가 좀 자라면 드디어 엄마와 자신이 다른 존재라는 걸 알아차리네. 그리고 엄마와 내가 하나가 아니라는 사실을 직시하고는 절망에 빠지게 되지. 어느덧 아버지의 존재를 인식하게 되고, 엄마가 아버지와 더 친하다는 것을 알게 되면서 그의 절망은 극에 달한다네. 이때 외부와 분리된 자아라는 게 생기고 엄마에 대한 욕망이 아버지의 법에 대한 복종으로 바뀌게 되지. 그런데 이때 아버지로 표상되는 법, 규범 등을 배우는 도구는 언어라는 상징이지. 그래서 이때를 상징계라고도 하는데, 엄마와의 분리로 인한 좌절은, 언어를 통해 알게 되는 아버지, 혹은 상징계라는 대타자의 목소리를 따름으로써 부모와 사회(타자)의 욕망을 자신의 욕망으로 치환시키지. 설명을 왜 길게 하느냐면 우리의 욕망은 처음부터 우리 내부에 있던 것이 아니라는 이야기를 하는 것이야. 결국, 우리는 '세상에 이미 존재하는 욕망을 언어를 통해 습득하는 것' 뿐이야.

그래서 내가 '인간은 타자의 욕망을 욕망한다.'라는 유명한 말을 남기지 않았나? 또 '나는 내가 생각하는 곳에 존재하지 않는다'라는 말도 했지. 사실 이건 데카르트를 좀 비꼰 말이었지만 말이야. 어쨌든 자네의 좌절된 욕망 이야기인데, 그건 그럴 수밖에 없는 거네. 위로될진 모르겠지만 내가 '욕망의 대상은 끝없이 치환될 뿐이다.'라고 하지 않았나? 10억이 자네의 욕망이라면 10억을 모은 후에는 욕망이 사라질까? 김태희랑 결혼하는 것이 욕망이라면 그녀와 결혼 후 욕망이 사라질까? 아닐세. 그 욕망의 대상이 성취되는 순간 또 다른 욕망의 대상이 그 자리를 채울 뿐이지. 불행히도 인간은 그런 존재라네. 나도, 자네도 마찬가지야.

그래서 내가 이렇게도 이야기했지. '자신이 욕망하는 것이 진실로 자신이 소망하는 것인지 소망하지 않는 것인지를 알기 위해서, 주체는 다시 태어날 수 있어야 한다.' 아까 상상계, 상징계까지 이야기했지? 그 너머에 실재계라는 것이 있네. 언어라는 상징을 벗어나서 즉 타자의 욕망을 벗어나서, 나의 온전한 욕망과 만나는 지점이지. 그러나 불행히도 이건 다시 태어나야 가능하다고 하지 않았나. 즉 생전에는 불가능하겠지? 실재계는 실재할 수 없다. 좀 아이러니하지만. 인간은 스스로 욕망을 영원히 충족시키는 대상을 절대로 만날 수 없다는 것이지. 자네 같은 경우를 예를 든다면 병원 일이 잘 되고 집도 평안하고 모든 삶의 순간이 행복하고, 불만이 없으니 욕망도 더 없는, 그런 순간은 절대로 올 수 없다는 것이야. 그러니 고통에 빠진 자네는 말이야 너무 힘들어 말게. 충족되지 못하는 욕망으로 인한 고통은 인간의 본질이라네. 그래서 고통을 달콤한 것들로 덮으려 하지는 말게나. 그것을 다른 위치에서 바라봐야지. 덫에 빠진 건 자네 혼자가 아니라네.

거리 두기

사르트르는 세상의 사물을 즉자적 존재와 대자적 존재로 나누었다. 즉자적 존재는 나무, 돌, 바위처럼 존재 그 자체에 머무는 것이고 대자적 존재는 스스로와의 거리감을 두고 자신과 대면하는 존재이다. 존재를 그렇게 나누어 본다면 자아, 욕망 그 자체에 매몰되어 살아가는 삶을 즉자적 삶이라 할 수 있고, 자신의 욕망에서 조금 떨어져 자신을 관조할 수 있는 삶을 대자적 삶이라 할 수 있다. 나의 불면증은 즉자적 삶에 소모되어 가던 나의 자아가 일으킨 반항이었다. 고통은 그 자체가 문제가 아니라 '내가 어디에서 그 고통을 바라보느냐?'의 문제이다. 예술이 무의식으로의 통로를 열어 우리를 위로한다면, 철학은 나와의 건강한 거리 두기를 통해 우리를 위로한다. 키르히너의 그림이 준 짧은 위로와 마크 로스코의 그림이 그녀에게 주었던 위로, 그리고 철학이 나에게 주었던 위로는 자기개발서나 힐링 서적에 적혀있는 격언들이 주는 위로와는 다르게 깊고 본질적이다. 상처는 예쁘게 덮는다고 아물지 않는다. 썩고 고름 나는 죽은 살을 고통 속에 도려내고, 진물이 흐르고, 통증의 시간이 모두 흘러야만 건강한 살로 바뀔 수 있다. 철학과 예술은 장담하건대 그런 힘이 있다. 마술보다 더 마술 같은.

나 아닌 나

—무의식에 바치는 자작시(詩)

거울 뒤에 당신이 서 있습니다
당신은 나지만 내가 아니고
내가 왼손을 들 때 오른손을 드는 나이며 나를 닮은 나이며
내가 무서워하는 나입니다

당신이 무서운 이유는 나의 감정을 당신은 모르며 난 잡을 수 없지만 언젠가 그러쥘 것 같기 때문입니다 나를 쳐다보는 건 내가 쳐다볼 때 만이기 때문입니다 내가 조금만 움직여도 떠나버리기 때문입니다

밥을 먹으라고 전화가 왔다 일어나기 싫은 의식은 나의 전원을 빼고 라디오를 콘센트에 연결하고 자장가를 들었다 잘 자렴 나의 의식아 더는 깨어나서 생의 마지막 무의미를 없애지 말아줘라고 부탁하자 환하게 켜진 대형 화면에 멋진 검은색 세단이 나타나 나의 일부를 데리고 여행을 떠났다 도착한 해변가엔 사람이라곤 하나도 없이 검푸르죽죽한 옷을 입은 환영들이 나를 에워쌌다 내가 잘 도착하긴 한 거지 숙소에 들어가 붉은 찻잔에 따라진 차를 마신다 유달리 붉은 차를 마시고 싶은데 입이 없는 주인아주머니가 알아들을 수 없는 옹아리로 객실을 안내한다 침대에 누워 곤히 자는데 밥을 먹으라고 전화벨이 울린다

거울 앞에 당신이 서 있습니다

난 목소리가 없습니다

입도, 형체도 없습니다

당신에게 연락하고 싶을 땐

꿈속이나마

전화를 걸겠습니다

그럼 당신은

세상에서 가장 멋진 차를 타고

저를 만나러 와 주세요

바닷가에서 따듯한 차를 끓여놓고

기다릴게요

키르히너의 다른 그림 엿보기

〈거리의 두 여인〉

〈거리의 두 여인〉이라는 제목이 붙은 이 그림은 키르히너가 베를린으로 이주 후 그렸던 그의 '베를린 시절'의 그림이다. 야수파의 영향을 많이 받았던 드레스덴 시절의 그림과 달리 베를린 시절의 그림은 전쟁과 죽음에 대한 불안이 깔렸던 당시의 시대상을 그대로 반영하고 있다. 인물은 길고 날카롭게 그려져 있고 색채는 생동감이 많이 사라졌다. 무채색과 황색 혹은 청색을 많이 써서 어두운 사회 분위기에 개인적이고 퇴폐적으로 변해가는 도시의 생활상을 암울하게 표현하고 있다. 여인들은 머리에 깃을 꽂고, 짙은 눈 화장으로 화려하게 치장했지만, 얼굴은 창백하고, 시선은 공허하게 허공을 응시하고 있다. 날카로운 발은 땅을 위태롭게 디디고 있으며, 어둡게 칠해진 그녀의 옷들은 화려한 외양과는 달리 그녀들을 우울과 퇴락한 삶의 소유자로 만들고 있다. 키르히너는 서른이 넘은 나이에 제1차 세계대전이 시작되고 독일군의 징집을 받는다. 자유로운 정신의 소유자였던 그는 군의 징집을 감당할 수 없어 자해 소동을 벌이고 군에서 빠지려 일부러 코카인 중독 증세를 보이기도 한다. 전쟁은 이때부터 키르히너의 정신을 갉아먹은 것으로 생각된다. 1930년대 초에는 나치가 정권을 잡게 되고 그는 나치를 피해 스위스로 망명한다. 1937년 그의 작품들이 나치에 의해 퇴폐 미술로 낙인찍혀 세간의 조롱거리로 전락했을 때 그

는 지독한 우울증에 시달리게 되고 이듬해 스스로 목숨을 끊는다.

〈통곡하는 여인들〉 – 구상에서 추상으로, 감정이입에서 추상충동으로

키르히너의 작품은 아니지만, 이 그림이 중세의 작품이라면 보는 이들은 꽤 놀랄 것 같다. 관을 덮은 보자기 역할을 하는 천에 그려진 그림인데 '통곡하는 여인들'이라는 이름이 붙었다고 한다. 사랑하는 사람의 죽음을 슬퍼하는 내용이라고 생각되는데 세련

된 형태와 색감이 현대의 그림이라 해도 이상하지 않다. 개인적으로는 이 그림을 보자마자 키르히너의 베를린 시절의 그림이 떠올랐다. 위의 그림과 비교해보자. 비슷하지 않은가? (아니면 내 눈에만?)

중세에는 찬란하게 꽃피웠던 그리스-로마 시대의 철학, 문학, 예술 모두가 시들해졌다. 철학적으로는 플라톤과 아리스토텔레스가 세웠던 위대한 헬레니즘 유산은 4세기경 교부철학자들이 유대교의 교리와 신플라톤주의 철학을 접목해 기독교의 교리를 집대성한 이후 거의 천 년 넘게 기독교적 교부철학의 형태로 고착되어 변화나 발전이 이루어지지 않았다. 토마스 아퀴나스가 아리스토텔레스의 이론을 바탕으로 새로운 신학 이론을 펼친 것도 13세기에 와서였다. 문학은 성서 이외의 글은 불경스럽게 인식되었고 회화 역시 생동감 넘치는 그리스 조각의 전통은 사라지고 만화처럼 표정 없는 얼굴의 평면적인 그림이 주를 이루게 된다.

중세의 회화에는 세 가지가 없다고 한다. 화가의 이름이 없고, 인물의 표정이 없으며, 원근법이 없다. 이 시기의 그림을 예술로 봐야 할 것인지에 대한 이견이 있을 것이다. 벽화의 내용은 신을 찬양하는 내용이나 성서의 내용을 재현한 것들로서(이때의 일반 민중들은 글을 읽지 못했다. 세상은 모두 신의 주관하에 움직이는데 성직자가 아닌 미물에 불과한 인간이 글로써 지식을 쌓는다는 것 자체가 불경스러운 것이었다. 그래서 성직자들은 성서의 내용을 화공들을 시켜 벽화의 형태로 그리게 했다. 기나긴 내용의 성서를 화면에 담기 위해서는 비유와 상징을 많이 이용해야만 했고 꽃말이나 별자리, 보석 말 등 사물에 의미를 붙이는 상징이 유행하게 되었다.) 교회 벽화를 만드는 이들은 아마 작가라기보다는 기능공에 가까운 대접을 받았을 것이다. 그림 속의 인물에 인간의 감정 표현인 표정을 그려 넣는 일도 마찬가지로 신에 대한 불경이었을 것이다.

그래서 중세의 회화를 보면 똑같은 얼굴에 똑같은 몸을 그린, 마치 초등학생이 그린 듯한 그림이 대부분이다. 그러나 형태의 촌스러움에 조금 눈을 감는다면 눈부신 금빛 혹은 황홀한 에메랄드빛의 찬란한 색채의 향연이 눈 앞에 펼쳐짐을 느낄 수 있다. 중세미술을 두 단어로 환원하면 '평면성'과 '색채'로 압축된다. 중세건축의 완결인 성당에 들어가 보라. 온통 금빛으로 뒤덮힌 벽화 밑에서 색채의 위용에 압도되거나(비잔틴이나 로마네스크 건축양식) 혹은 스테인드글라스를 통해 내려오는 빛에 둘러싸여(고딕건축양식) 자신도 모르게 절대자를 향한 경원심이 가슴속 가득 차오름을 경험할 것이다.

빌헬름 보링거(1881~1965)는 인간의 예술 충동을 두 가지로 구분했다. 하나는 감정이입 충동으로 자연의 사물에 인간의 감정을 이입하여 표현하고자 하는 충동이고, 다른 하나는 추상 충동으로 구체적인 사물보다는 사물들의 한 부분이나 전체를 추상화하여 표현하려는 충동이다. 그는 인간이 자연과 함께 조화되고 풍요로운 삶을 영위할 때 감정이입 충동이 강해지고(이는 그리스나 르네상스의 예술이 자연의 대상의 아름다움을 표현하고 인간의 감정을 거기에 이입시키는 충동에 기초하고 있다는 점에서 설득력이 있다.) 인간의 삶이 자연과 조화롭지 못하거나 인간의 삶이 힘들고 강팍해질수록 예술에의 추상 충동이 강해진다고 하였다. (이 역시 이집트나 중세 예술, 그리고 현대 예술이 그러하다는 점에서 설득력이 있다.)

표현주의와 추상

'평면성'과 '색채의 강조'가 비슷한 시기의 화가였던 오스트리아의 클림트와 독일의 키르히너를 위시한 표현주의 화가들, 마티스로 대표되는 프랑스의 야수파 화가들의 그림에서 거의 동시에 나타난 건 우연이 아닐 것이다. 화가들이 동시대의 다른 화가들과 영향을 주고받는 것은 사실이나, 시대를 앞서는 예지가 있는 예술가들의 그림에서 비슷한 경향이 나타난다는 것은 그 시대가 그러한 미감을 요구하고 있기 때문이라고 할 수 있다. 보링거의 이론을 염두에 둔다면 이러한 추상 충동의 발현은 그 시대가 더는 자연과 친화할 수 없는, 인간의 삶이 힘들고 강팍한 시기로 접어들고 있다는 이야기로 해석될 수 있다. 이러한 화가들이 활동했던 시기는 프랑스의 정치적 격동기가 끝나고 수십 년간 전쟁 없이 지속하던 유럽의 평화 상태가 끝나가고 새로운 전쟁의 기운이 불길하게 감돌던 때였다.

그리고 곧 제1차 세계대전이 발발해 전 유럽이 전쟁의 소용돌이에 말려들었다. 전후 패전과 인플레라는 고통 속에 유럽은 절망과 방탕의 늪으로 빠져들었고, 그러한 사회 분위기는 독일에서 히틀러라는 괴물이 탄생할 수 있는 배경이 되었다. 이러한 암울한 시대 배경이 예술가들에게 추상 충동을 불러일으켰을까? 중세 회화의 평면성은 다시 예술가들에 의해 소환되었다. 그리고 이렇게 소환된 평면성은 얼마 지나지 않아서 형태의 단순화를 넘어 형태를 아예 없애버리는 추상회화로 발전하게 된다. (추상회화의 선구자는 먼저 러시아에서 나왔다. 카지미르 말레비치(1878~1935)는 모든 형태를 없애버리고 절대 추상이라 불리는 '검은 사각형'을 전시했다.) 이후 추상은 현대 회화의 가장 중요한 축을 이루게 된다.

키르히너의 그림을 떠올리며 21세기 극동아시아의 한 국가인 한국에 사는 우리들의 미감은 어떠한지 생각해본다. 우리의 미감은 키르히너가 살았던 백여 년 전과 얼마나 다를까? 우리는 어떤 작품들을 보며 삶의 위안을 얻는 것일까? 문학과 예술은 우리의 삶에 어떤 영향을 주는 것일까? 문학은 웹툰에 존재하고 예술품은 백화점 명품관에 전시되어 있다고? 틀린 말은 아니다. 우리의 삶은 스마트폰과 백화점, 그리고 드라마와 광고 속에 전시되어 있다. 우리에게는 자본이 곧 삶이다. 예술가들과 글쟁이들은 어디에 있는지 너무 멀리들 있다. 그들이 자본 속으로 우리를 만나러 와야 할 것인데 참 무정한 사람들이다. 그렇다고 세상살이에 이리저리 치이고 일 년에 책 한 권 읽을 시간도 없이 바쁜 우리가 갈 수는 없지 않은가. 그렇지 않은가? 이렇게 핑계를 대어본다.

유디트

구스타프 클림트

프로이트의 무의식은 거짓말쟁이, 이성은 고작 거짓말쟁이의 하수인인가?

구스타프 클림트(1862~1918)

1900년 전후의 오스트리아의 빈에는 전 시대의 전통과 결별하고 새로운 시대의 이야기를 창조한 천재들이 여럿 있었다. 정신의학 의사인 프로이트가 그러했고, 화가로 클림트, 에곤 실레, 코코슈카 등이 있었으며, 빈 궁정 오페라 극장에는 구스타프 말러가 지휘자로 있었다. 요한 슈트라우스, 쇤베르크 역시 동시대의 음악가이며 슈니츨러 같은 문학가도 이 시대의 인물에 이름을 올린다. 이 시기 오스트리아 빈의 화가들 가운데 가장 맏형 격인 이가 우리에게도 잘 알려진 클림트이다. 그림을 잘 모르는 이들 중에도

UND
HOLOFERNES

클림트의 그림을 싫어하는 사람은 보기 힘들다. 그의 그림은 우리를 황홀하게 하며, 아름답고 화려한 상상에 빠져들게 하며, 몽환적인 세계로 안내한다. 직업상 지루한 진료실에서 많은 시간을 보내야 하는 내가 선택하는 소극적인 일탈법 중의 하나가 그림 감상인데, 그의 그림 중 자주 꺼내보는 것은 유디트와 다나에 이다.

유디트

유디트는 구약 외전에 나오는 이야기 속의 인물이다. 그녀는 이스라엘을 침공한 아시리아의 장수 홀로페르네스의 침실로 들어가 적장을 유혹한 뒤 침대에서 목을 잘라 나오는 여성 투사로 임진왜란 때 왜장을 안고 바다로 뛰어든 우리 역사의 논개와 유사한 인물이다. 그녀의 이야기는 극적인 비장감이 있어 보티첼리, 카라바조, 젠틸레스키 등 많은 화가들의 소재가 되었다. 그들은 한 손에 적장의 머리를 쥐고 다른 손에 들고 있는 칼로 적장의 목을 자르는, 굳은 결의에 찬, 공동체를 적의 공격에서 구해내는 애국의 상징으로 유디트를 묘사했다. 그러나 클림트의 유디트는 완전히 다르다. 한쪽 가슴을 환히 드러내고 묘하게 웃음 짓는 얼굴로 남자의 머리를 들고 있는 유디트의 얼굴은 꽤 관능적이다. 그는 왜 이렇게 유디트를 묘사했을까?

성, 무의식, 혁명

1900년 전후의 오스트리아 빈으로 가보자. 프로이트는 최면이나 반최면 상태의 히스테리 환자와 이야기를 나누던 중 환자의 과거(주로 성적인) 트라우마가 현재의 증상과 연결되어 있음을 알아내고, 환자의 증상이 트라우마가 묻혀 있는 마음 깊숙이 있는 어떤 장소에서 시작됨을 알았다. 그곳은 성적 억압으로 인해 억제된 충동들이 묻힌 장소이며, 환자의 증상은 환자의 교정되어야 할 나쁜 생각이나 가치관 때문이 아니라 무의식의 공간에 묻혀 있던 억압이 충동으로 바뀌고 그 충동이 신체화되며 생긴다고 했다.

프로이트의 이전 시대에는 인간의 본질은 당연히 '의식'의 범위 안에 있었다. 데카르트는 의식의 산물인 '사유'를 인간의 본질로 보았고, 칸트 역시 인간을 의식의 산물인 '이성'의 존재로 규정했다. 헤겔 역시 부단하게 변화하고 발전하는 이성적 존재로서 인간을 규정하였다.

그런데 프로이트에 의하면 인간은 고작 성 충동의 찌꺼기에서 벗어나지 못하는 존재이다. 물론 그는 무의식의 충동에 의한 증상의 발현을 정상인이 아닌 정신병력이 있는 환자에 국한해서 설명했지만, 결과적으로 증상의 발현과 치료과정에서 드러나고 설명되는 것은, 인간의 본질은 무의식의 영역이 더 규정적이라는 것이었다. 그렇게 프로이트의 이론은 환자를 통해 증명되는 듯 보였고,

유럽의 지성을 흔들어 놓았다. 당연한 이야기겠지만 문학과 음악, 미술사조는 프로이트 이후 급격하고도 혁명적인 전환점을 이루게 된다.

클림트 역시 같은 시대, 같은 동네에 살던 프로이트의 이론을 모를 리 없었다. 아니, 깊은 영향을 받았다. 그의 그림에 보이는 에로틱한 분위기는 인간의 무의식 핵심에 성 충동이 자리하고 있다는 프로이트 이론의 시각적 재현이다. 물론 이는 당시 유행했던 상징주의의 영향이기도 했다. 프로이트의 쾌락원칙과 죽음원칙은 클림트의 중요한 주제인 성과 죽음에 정확히 대응한다. 그의 다른 그림인 〈아델레 블로흐바우어의 초상〉의 주인공이 입은 옷에는 생식 세포가 그려져 있다. 당시 빈 대학의 의사들은 병리학을 눈부시게 발전시켰으며 세포라는 생물체의 기본 단위에 관한 연구 역시 활발하게 이루어졌다. 세포 중에서도 생식 세포를 여성의 초상화에 그려 넣은 클림트를 통해 당시 프로이트 이론의 위력이 얼마나 대단했는지 알 수 있다.

그녀의 거짓말

진료실에 들어선 그녀의 질의 분비물과 외음부의 궤양은 심각해 보였고 물집성 병변의 모양으로 봐서는 성 매개 감염의 일종인 헤르페스 바이러스 감염이 의심되는 여학생이 있었다. 간단한 처치와 약을 처방하고 나서 그녀에게 몇몇 질문을 했다. 수면 패턴은 어떤지, 식사는 규칙적인지, 스트레스는 없는지, 최근 무리하지는 않았는지, 그러한 것들로 면역력이 저하된 건 아닌지. 그녀는 계속 눈을 피하며 자신의 생활 습관에는 아무 문제가 없다고 했다. 이야기 중간마다 그녀의 엄마는 환자의 말을 사사건건 부정했다. 그렇지 않다고, 잠도, 식사도 제멋대로라고, 생활도 엉망이라고 이야기하며 선생님께서 따끔하게 혼내주시라는 말도 덧붙였다. 그녀를 잠시 대기실로 내보낸 후 엄마와 이야기를 나누었다. 엄마에 따르면 그녀는 꾸중을 들어야 하거나 자신의 잘못이 드러나는 상황이 되면 분노에 가까운 반응을 보이며 공격적인 성향이 되며 자신의 잘못이나 실수가 완전히 드러나기 전까지는 최대한 모든 거짓말을 동원해 상황을 빠져나가려 한다는 것이었다. 딸의 거짓말은 정도가 심해서 어떨 때는 딸이 자신의 거짓말을 진짜로 믿는 것 같은 생각마저 든다고 말했다.

그녀는 어릴 때부터 부모의 관심을 많이 받았다. 아니, 사실 과하게 받았다. 무남독녀로 태어난 그녀에게 아빠도 엄마도 관심이 많았다. 그녀는 글자도 숫자도 다른 아이들보다 빨리 익혔고 부모의 기대도 그만큼 부풀어졌다. 공부의 양이 점차 늘어났고 그것에 비례해서 집중력이 떨어졌다. 그녀가 혼나는 시간이 늘었고 초등학교 고학년 즈음에는 꽤 신경질적인 아이가 되었다. 그러던 어느 날 답지 사건이 터졌는데, 정해진 문제지 범위를 다 풀고 난 뒤 만점을 맞은 그녀가 의심스러워 선생님이 다시 문제 풀이를 시켰다. 그녀는 열 문제 중 겨우 두 문제만 다시 풀었다. 답지를 오려 숨겨 놓은 서랍 속에 있던 물건의 위치가 바뀐 것을 알아챈 선생님은 엄마에게 그 사실을 이야기했다. 그런데 그녀는 자신은 절대 답지를 보지 않았다고 주장하며 대여섯 시간을 쉼 없이 울었다고 한다. 자신은 진짜 그 문제를 풀었고 다시 풀라고 했을 때는 답이 생각이 나지 않았다고 완강하게 주장하자 엄마는 그녀의 말을 믿을 수밖에 없었다. 그러나 그 이후로 그녀가 스스로 거짓말을 정말이라고 믿어버리는 상황을 수차례 더 겪은 후, 그녀가 그때 답지를 보고 답을 베낀 것이 맞고, 그것을 감추려고 그 긴 시간을 울었던 것이라고 확신을 했다고 말했다.

무의식은 거짓말쟁이

이쯤에서 궁금증이 하나 생긴다. 그녀는 과연 거짓말을 은폐하고 그럴듯하게 보이려고 의도적으로 사실을 부인하는 것일까? 아니면 스스로 다른 현실을 마음속에서 만들어내고 그 환상을 진실이라고 믿는 것일까? 그녀의 머릿속으로 들어가지 못해서 장담은 하지 못하겠지만 아마 후자가 아닐까 생각한다. 그녀의 무의식은 어릴 때부터 비난받는 상황의 원인이 자신의 잘못 때문이라는 사실을 받아들이기 어려웠을 것이며, 부모에게 무능하거나 부정한 자식으로 비치는 상황 역시 수용하기 어려웠을 것이다. 그녀도 공부를 잘해서 부모에게 인정받는 존재가 되고 싶었겠지만, 현실적으로 부모의 요구에 맞추기는 너무나 힘들었을 것이다. 그래서 그녀의 무의식은 또 다른 거짓 현실을 창조해 내고 그 거짓을 진실이라고 믿는다. 현실에서는 그녀가 답지를 보았지만, 답지를 보지 않고 문제를 자신의 힘으로 풀어낸 제2의 현실을 진짜라고 믿는다. 무의식의 꼭두각시인 의식은 무의식의 지시를 그대로 따른다.

프로이트의 환자 중에 병이 있었던 아버지를 오랜 병시중 끝에 떠나보낸 젊은 환자가 있었다. 그는 프로이트에게 그가 반복적으로 꾸는 꿈의 내용을 이야기했다. 아버지가 꿈에 나타나서 같이 일상적인 이야기를 하는데 부친이 아직 본인의 죽음을 모르고 계시더란다. 그는 그것이 미안하고 그렇게 말하는 아버지가 측은하게 생각되어 큰 소리로 우는데 한참을 울다 보면 꿈속의 아버지가 자신에게 울지 말라고 위로하면서 다 괜찮다고 따듯하게 말씀하셨다고 했다. 그는 프로이트에게 꿈의 의미를 물었다. 프로이트는 그 꿈속의 눈물은 자신이 죽었다는 사실을 알지 못하는 아버지의 모습이 안타까워 자식이 흘리는 눈물이 아니라고 했다.

평소 그는 아버지의 병간호가 힘들어 차라리 아버지가 일찍 돌아가셨으면 좋겠다는 생각을 가끔 했다. 아버지가 실제로 돌아가시자 그런 마음을 가졌던 것에 대한 죄책감이 들어 그는 꿈속에서 우는 것이었다. 그러나 무의식은 받아들이기 힘든 '아버지가 일찍 죽었으면 하는 마음을 가졌다는 사실'을 다른 형태의 이야기로 즉 '아버지가 자기 죽음을 인지하지 못 하는 상황'으로 바꾼다. 프로이트는 환자가 흘리는 눈물의 진짜 원인은 아버지가 죽기를 바랐던 자신에 대한 죄책감 때문이라고 결론지었다. 이러한 방식으로 무의식은 의식이 받아들일 수 없는 욕망이나 충동을 철저히 가리고 받아들이기 쉬운 적당한 거짓말로 바꾼다. 그리고 꿈은 아버지가 그러한 자신을 용서하면서 끝난다. 아버지의 위로는 '아버지에게 용서받고 싶은 그의 마음'이 반영된 결과이다.

나는 누구인가?

이 문제를 조금 확장해보면 '나는 누구인가? 무엇이 과연 나인가?'라는 존재론적 질문이 당연히 생기게 된다. 사회적으로 받아들여질 수 없는 욕망과 충동의 덩어리가 숨겨진 용광로 같은 '무의식'과, 그 욕망을 적당한 거짓(현실원리에 맞는)으로 바꿔 밖으로 표현하는 '의식' 중에 어느 것이 더 진정한 나의 가까운 모습인가? 19세기까지의 철학과 심리학에서 나라는 '주체'는 '의식'의 층위에서 규명되었다. 그러나 프로이트 이후, '내가 나라고 생각하는 나의 의식'이 정말 나인가? 즉 의식의 층위에서 벌어지는 사고, 판단, 이성, 감정 등이 정말 나를 본질적으로 규명해 주는가에 대한 의문과 회의가 시작되었다. 한번 스스로 물어보자. 한 번씩 살면서 '이게 정말 나인가?'라고 생각한 적이 없는지. 나의 욕망이 과연 순전히 '나의 욕망'인지가 의심스러웠던 적은 없는지.

나는 여행을 좋아했다. 처음 가보는 거리나 골목길을 걷다 보면 느낄 수 있는 낯선 풍경이 주는 생경함과 새로움은 이후의 일상을 살아가는 힘이 되고는 했다. 그러나 개원을 하니 현실적으로 직업상 세 평짜리 진료실을 벗어나기 힘들었다. 개원한 지 18년이 흘렀고 그간 일요일과 공휴일 그리고 여름휴가 며칠을 제외하고는 쉬는 날이 없었다. 그렇게 여행과 관계없이 오랜 세월이 지나서 그런지 최근에는 '돌아다녀 봤자 뭘 해? 여행 가봤자 힘들고 귀찮고 그냥 내 사는 곳이 익숙하고 마음 편하고 좋지.'라는 생각이 든다. 어디로든 가려면 비행기를 기다리고 갈아타는 시간도 견디기 힘들 것 같고, 다른 나라 돌아다녀 봤자 세계화 시대에 사람 사는 곳이 다 비슷하지 무엇이 새로울 것이며, 성당이나 미술관도 여행객들이 바글거리고 다리도 아플 것이고 인파에 치여 어깨너머로 쳐다보면 감흥이나 있을까 싶기도 하고 매일 다니는 출퇴근길이 낯선 곳보다 편하고 기분이 좋다. 이렇게 여행을 떠나는 생각 자체가 달라져 있는 나를 보니 이 변화가 – 너무 높이 달려있어 먹지 못하는 포도를 두고 '저 포도는 분명히 너무 시어서 먹지 못할 거야. 생각만 해도 하기 싫어지네.' 하며 떠난다는 이솝우화의 여우와 신 포도의 이야기처럼 – 무의식이 조작하는 간교함 때문인지,

아니면 나이가 주는 변화 때문인지 알 수 없지만, 왠지 무의식이 시킨 거짓 이야기를 의식이 대신해서 진짜로 믿고 있다는 의심을 지울 수 없다.

프로이트 이후

프로이트가 무의식을 발견한 지 어언 100년이 흘렀다. 무의식이란 의식으로 나타낼 수 없는 욕망이나 충동의 저장소 같은 곳이며, (그래서 무의식을 알 수 없다는 것에 감사해야 한다. 만약 우리가 직접 무의식과 마주한다면 그 잔인함과 폭력성, 기괴함에 놀라서 미치거나, 자신에 대한 혐오에 휩싸일지도 모른다. 그러나 그 무의식의 야만성에 아름다움이 존재한다. 살바도르 달리나 이브 탕기, 막스 에른스트 같은 초현실주의 화가의 그림은 기괴하지만 아름답다.) 의식이 접근하지 못하는 곳에서 의식을 조종한다. 프로이트 이후 많은 철학자와 사상가들이 인간 의식을 배후에서 조종하는 무의식의 실체에 관해 연구했다. 그들 논의의 공통점은 인간의 의식은 생각보다 자율적이지 못하며 인간이 과연 자유의지가 있는지에 대한 의심이 들 정도로 인간의 의식 배후에는 거대한 무의식이라는 조종자가 있다는 것이다.

클림트-새로운 예술

클림트는 생전에 신랄한 비평의 표적이 되기도 했고, 그의 작품 앞에 가림막이 쳐진 채 그림이 전시되기도 했고, 포르노 미술과 성도착이라는 죄명으로 외설 시비에 휘말리기도 했다. 성을 삶의 결정적인 요소로 중요시했던 클림트의 견해와 화풍은 당시에는 충격적이었다. 그의 구체적 삶에 대해 알려진 것은 별로 없지만, 누구나 따르는 주어진 현실에 맞추고 살아가는 삶을 맹목적으로 따르는 것을 싫어했다. 그래서인지 평생 결혼을 하지 않았으며 결혼을 시민사회의 가증스럽고 위선적인 관습 정도로 여겼다고 한다. 그림만큼이나 그의 삶도 사회의 보편을 따르지 않았다. 그랬기 때문에 같은 시대의 혁명적 학자였던 프로이트의 이론을 마음 깊이 받아들일 수 있었을 것이다. 클림트는 그 시대에서는 비현실적이었지만 허무맹랑하지 않았으며, 오히려 현실을 넘어 훨씬 깊이 존재하는 삶의 근원을 예술의 내용으로 설정했다. 그가 재현하고자 했던 것은 가시적인 세계가 아니라 훨씬 깊이 존재하는 본질적인 깊은 공간의 어디쯤이었다.

클림트는 규범으로 전해지던 예술의 공식을 부인했다. 1897년, 낡은 미술사조에 더는 의존하지 않고 예술을 인간의 내면에 접근하고자 '빈 분리파'를 결성하고 초대 회장에 추대되었다. 에곤 실레, 오스카 코코슈카, 칼 몰, 오토 바그너 등 당대 오스트리아를 선도한 화가, 디자이너, 건축가들이 빈 분리파에 참여했다. "시대에는 그 시대의 예술을, 예술에는 자유를"이 그들의 신조였다. 그리고 그의 삶 역시 동시대를 살던 사람들의 일반적인 삶과는 거리가 멀었다. 자신이 살았던 시대의 삶과 예술에서 기존의 질서를 모두 거부했다. 그는 자신의 언어로 스스로 삶의 각본을 새로 썼고 자신의 붓으로 스스로 예술을 재창조하였다.

거짓말의 두 얼굴

나의 환자인 그녀는 상습적인 거짓말쟁이였다. 부모의 억압에서 자신을 보호하기 위해 시작되었던 거짓말은 습관이 되었고, 순간 순간 본인에게 이익이 되는 쪽으로 말을 지어냈다. 더 성숙해지면 점차 좋은 쪽으로 변화하리라 믿지만, 개인 간의 의사소통에 장애를 주고 신뢰를 무너뜨린다는 점에서 거짓말은 나쁘다. 그러나 클림트의 유디트를 생각해보자. 그가 사실적인 묘사로 적장의 목을 베는 진지한 표정의 유디트를 표현했다면 지금까지 클림트의 명작으로 인정받고 있을까? 클림트의 '거짓된 묘사'는 우리에게 기쁨과 카타르시스를 선사한다. 왜 그럴까? 우리의 의식은 진실을 원하지만, 우리의 무의식은 '거짓말'을 원하기 때문이다. 우리가 진실보다 거짓말에 끌리는 이유도 그 때문이 아닐까? 사람들은 진실을 중요하게 생각한다. 그러나 거짓을 더 많이 선택한다. 그리고 거짓도 꽤 가치가 있다. 누구나 가지고 있는 위선이나 자만, 스스로에 대한 착각은 우리를 우울증에 빠져들지 않게 해주며 비관적인 생각에서 벗어나게 해준다. 거짓말은 두 가지 얼굴이 있으며 우리 삶의 꼭 필요한 동반자이기도 하다. 그래서 거짓은 나쁘고 진실이 선하다는 식의 도덕주의자들의 말은 공허하기 이를 데 없다.

클림트는 세상이 만들어 놓은 질서를 받아들이지 않았다. 그는 자신의 미적 체계를 스스로 만들었다. 만약 그때까지의 미술의 관행적인 규범을 '참'이라고 한다면 클림트는 새로운 표현으로 새로운 유디트를 창조하였듯 새로운 언어로 새로운 '거짓'을 창조한 셈이다. 그래서 당대의 많은 이들에게 손가락질과 비난을 받은 것이다. 클림트의 삶을 생각하며 나의 삶을 되돌아본다. 학교에서 우등생이었고, 학교를 졸업하고 사회가 원하는 코스를 밟아 의사가 되었고, 그 이후에는 세상이 만들어 놓은 규범을 나의 것으로 받아들였다. 나는 나의 삶을 창조하고자 한 적이 있는가? 클림트의 삶은 우리에게 힘들지만 묵직하고 어려운 과제를 남겨준다. 다른 사람이 짜 놓은 규범의 질서를 따를 것인가? 아니면 자신의 욕망을 따라 자신의 언어로 세상을 창조할 것인가?

클림트의 다른 그림 엿보기

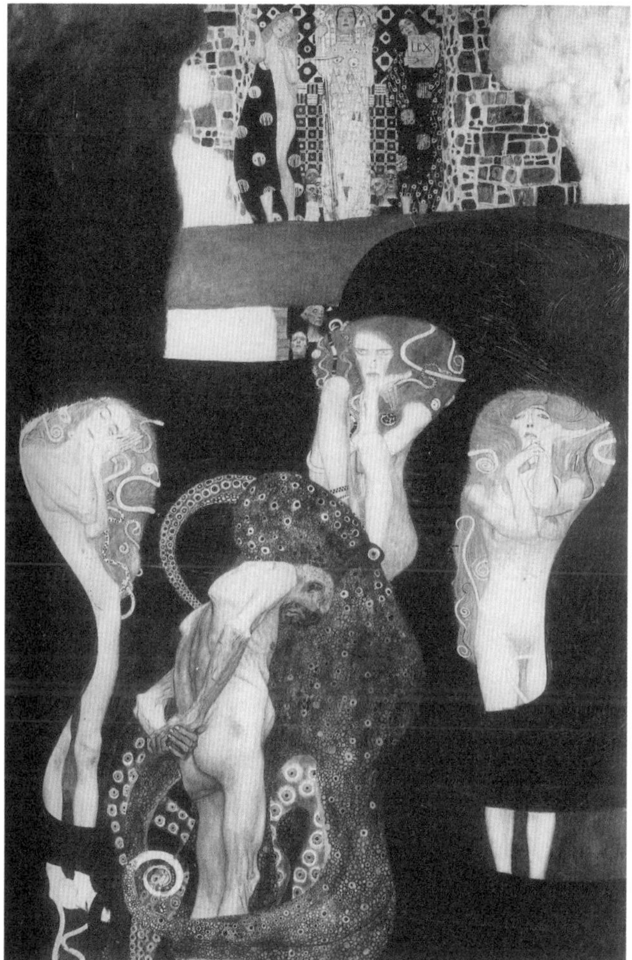
LEX

철학, 의학, 법학

1900년의 오스트리아의 수도 빈은 새로운 의학, 새로운 예술, 새로운 문학의 기운이 샘솟는 뜨거운 용광로 같은 도시였다. 빈 의과대학에서는 환자의 증상 기원을 알아내고자 환자 사후 해부를 통해 증상의 원인에 집중했으며, 그 결과로 해부학과 해부병리학 분야에서 눈부신 학문적 업적을 이루어내고 있었다. 정신과 의사이었던 프로이트 역시 정신병 환자의 증상의 원인을 알고자 인간의 무의식에 접근하는 치료를 시행하였으며, 예술과 문학에서도 기존의 관행을 벗어난 가히 혁명적인 인물들이 혜성들처럼 나타나고 있었다. 구스타브 클림트는 1890년경부터 오스트리아의 새로운 예술운동을 주도하고 있었다. 그는 1897년 고전적인 미감에 반기를 들고 뜻이 맞는 이들과 '빈 분리파'를 결성하여 그 초대 회장으로 추대되었다.

그런 그에게 빈의 교육부는 새로 지을 빈 대학 대강당의 천장화를 의뢰했다. 의뢰의 내용은 '어둠에 대한 빛의 승리' 즉 무지에 반하는 이성의 예찬을 형상화해달라는 것이었다. 이성 중심주의는 근대의 전유물이지만 클림트는 이미 근대의 틀을 벗어난 인물이었다. 그래서 강당의 천장화를 통해 근대의 위대함을 알리려던 빈 대학과 교육부의 시도는 시대를 이미 앞서 있던 예술가에 의해 다른 방향으로 전환되었다. 클림트는 친구였던 프란츠 마치와 함께 벽화를 완성했다. 큰 그림과 신화는 마치가 맡았고, 의학, 철학, 법학은 클림트가 그렸는데 이 위대한 그림들은 전쟁의 와중에 파괴되어 오늘날 이 그림들은 안타깝게도 흑백사진으로만 전해진다.

자신들의 선과 도덕을 절대적으로 신봉하고, 그들과 다른 존재를 악으로 둔갑시키는 파시즘의 망령은 나치 독일에서, 소비에트에서, 중국에서, 북한에서 공공연하게 예술의 탄압에 앞장섰으며, 정도의 문제이지만 어느 사회에서든 이러한 억압은 지금도 이루어지고 있으리라 생각한다. 이 벽화도 그러한 시대의 소용돌이에 자유롭지 못했다.

첫 번째 그림이 '철학'이다. 그림의 좌측은 벌거벗은 채로 세상사에 지치고 괴로워하는 사람들이 만든 거대한 기둥이 있고 우측으로는 머리를 산발한 여인의 음영이 보인다. 그녀는 눈을 지긋이 내리감은 채로 있지만, 좌측의 나체의 사람들과 더불어 성적인 이미지로 표현되고 있다. 당시 클림트는 이 여인을 '지식'을 상징한다고 하였지만, 빈 대학의 교수 87명은 클림트의 그림으로 강당 벽을 장식하는 데 반대 성명을 내었다고 하니, 그렇게 보지 않은 듯하다. 그 당시는 세계를 합목적의 발전단계로 보면서 그 중심에 이성과 과학의 힘을 두는 독일관념론과 그러한 발전을 중심축에 두고 세상을 변화시켜야 한다는 계몽철학이 주류를 이루고 있었다. 그러나 클림트의 그림은 혼돈과 카오스를 표현한 것에 가깝다. 그리고 시간이 더 지나면서 클림트의 생각처럼 '진리의 절대주의'는 점차 철학에서 사라지게 된다.

두 번째 그림은 '의학'이다. 중앙에 건강의 여신 '히기에이아'가 있고 그 위로 벌거벗은 여인들과 해골, 고통에 찬 인간들이 큰 기둥을 이루고 있다. 클림트는 인간의 삶을 고통과 죽음으로 간주하고 있으며, 의학의 신은 아비규환으로 보이는 세상과는 거리를 둔 채 바닥에서 지탱하고 있는 것으로 보인다. 이는 당시 유행하던 상징주의의 영향을 받은 것이며, 이성과 의학의 강조보다는 삶의 우연성과 비극성을 강조하고 있다. 건강의 신은 다른 층위의 자리에서 세상을 관조하듯 보인다.

마지막으로 세 번째의 그림은 '법학'인데 그림 상단의 배경에 서 있는 세 여인은 각각 진리, 정의, 법을 상징하며 그림의 밑 부분에는 문어에 결박당한 노인이 또 다른 세 여인에게 고문을 당하고 있는 것 같기도 하고 노인을 유혹하는 죄에 대한 비유 같기도 하다. 법의 정의는 화면 상단에서 노인의 상황을 지켜볼 뿐 깊이 개입하고 있는 것 같지 않다. 오히려 노인은 그의 죄의 원인인 탐욕에 둘러싸여 진리나 법이 아닌 죄가 내리는 심판을 받는 것 같다. 법과 진리는 인간을 구할 수 없으며 인간은 여전히 그보다 훨씬 영향력이 큰 죄의 굴레를 벗어나기 힘듦을 그의 그림은 말한다.

이성에 대한 반발

클림트가 살던 1900년 전후의 유럽은 이전의 근대적인 질서인 과학과 이성, 합리에 대한 믿음이 강하던 시대였다. 그러나 새로운 시대의 변화가 시작되고 있었다. 같은 시기, 같은 도시에 살던 프로이트가 의식이 아닌 무의식이 인간의 본질에 가깝다는 발견을 했고, 비슷한 시기에 이웃 나라 독일에서 철학자 니체 역시 서구의 전통인 합리와 이성을 비웃었다. 인간 본질의 축은 점차 가시적인 의식, 이성, 합리에서 눈에 보이지 않는 무의식, 감정, 원시성, 충동, 욕망 등으로 이동하고 있었다. 클림트 역시 빈 대학의 요구가 무엇인지 모르지 않았지만 그렇다고 그의 예술적 감수성을 속일 수는 없었다. 그는 학문의 위대함 대신 학문의 기초가 되는 이성과 합리의 초라함과 왜소함을 그렸으며, 학문의 체계를 벗어난 인간의 모습인 욕망과 충동 그리고 성과 죽음을 그렸다. 이 그림들이 대학 당국에 의해 거부된 것은 너무도 당연한 일이었지만 이후 그림들을 거두기로 했던 국립현대미술관에서조차 그림들의 전시를 거부하자 클림트는 그만 지쳐버렸고 다시는 공공기관의 미술품 요청은 받지 않기로 다짐한다. 클림트는 후원자의 도움을 받아 이 그림들을 다시 회수한다. 그리고 알려진 대로 이 그림들은 전쟁 중에 불태워지게 된다.

또, 새로운 출발

빈 대학의 벽화는 여러모로 클림트의 마음을 힘들게 하였다. 벽화에 관한 이야기가 어느 정도 잠잠해졌을 무렵, 여행을 별로 좋아하지 않았고 빈을 벗어난 적도 별로 없던 그였지만 클림트는 지친 몸과 마음을 가라앉히려 이탈리아로 떠난다. 목적이 성당의 벽화를 보는 것이었는지 아니면 여행 중 들른 성당에서 벽화를 보게 되었는지는 모르겠지만, 그는 라벤나 지역의 비잔틴 성당의 벽화를 보며 큰 영감을 받는다. 비록 벽화의 형태는 만화 같고 보잘것없었지만 울트라 마린의 깊은 푸른색과 눈부신 금빛이 어우러진 색채의 마술에 홀려버렸다. 그리고 우리가 잘 아는 그림인 키스나 기다림 같은 금빛 찬란한 화풍이 등장하는 그의 황금시대가 열리게 된다. 금 세공사였던 아버지의 영향도 한몫을 했을 것이다. 클림트의 트레이드마크인 평면적 화면 구성과 빛나는 금빛 색채는 머나먼 중세에서 그에게 날아온 선물이었다.

잠자는 집시여인

앙리 루소

니체의 병듦과 회복의 내적 변증법, 위버멘쉬를 위하여

앙리 루소(1844~1910)－잠자는 집시여인

앙리 루소는 파리의 평범한 하급 공무원으로 살다가 40대 초반이 되어서야 본격적으로 그림을 공부하기 시작했다. 미술사에는 가끔 이런 독학생들이 나온다. 그러다 화가가 꿈인 가난한 공무원이, 아무도 알아주지 않는 그의 그림을 위해, 오십이 다 된 나이에 안정적인 직장을 그만둔다. 한 번씩 예술가들이나 성공한 이들의 삶을 들여다볼 때 나타나는, 열정이 만들어내는 삶의 변곡점들이 있다. 성공이 보장된 것도 아닌데 안정적인 기반을 버리고 열정이 이끄는 일을 선택하는 순간. 그는 이후 독학으로 그림을 그리며 생계를 위해 이것저것 안 해본 일이 없었다고 한다. 그의 나이 45세에 그의 아내가 죽는다. 그리고 일곱 아이 중 다섯이 죽는다. 아내와 아이들이 먼저 세상을 떠난 뒤 비로소 자신의 삶을 살아야겠다고 마음을 먹어서였을까? 그는 아내가 죽고 사 년이 흐른 후, 가난을 감수하고 선택한 전업 화가로서의 첫 발걸음을 딛는다.

그의 그림의 소재는 정글의 야생동물과 울창한 수풀이 가득 찬 이국적인 자연이다. 루소는 '이국의 낯선 식물을 볼 때면 나는 꿈을 꾸고 있는 듯한 기분이 든다.'라고 했다. 한계는 있었다. 늦은 나이에 독학으로 그림을 배워 완성도가 낮은 그림을 그릴 수밖에 없었다. 당시의 어느 화풍에도 속하지 못했던 독창적인 표현 역시 사람들에게는 생소했다. 그림은 누구의 관심도 받지 못하였는데,

그의 나이 60이 넘어서야 우연히 그의 작품이 피카소의 눈에 들게 되고, 당시 최고 셀럽이었던 피카소의 적극적인 소개로 노년에 이르러서야 화가로서 유명해진다. 신기한 점은 열대의 풍경을 많이 그린 루소이지만 그는 한 번도 열대를 직접 본 적이 없다. 심지어 파리를 벗어난 적도 거의 없다. 대신 그림을 위해 박물관과 식물원, 동물원을 자주 찾았다고 한다. 니체의 위버멘쉬는 세상의 가치를 따르지 않고 자신의 가치를 스스로 창조하는 이다. 무엇이 루소의 삶을 송두리째 바꾸었는지는 알 수 없지만, 그가 늦은 나이에 안정적인 직장을 버리고 전업 화가를 선택했다는 점에서 니체가 말한 위버멘쉬와 꽤 겹쳐진다. 사실 뛰어난 철학자들을 무슨 주의라는 범주에 묶어 부르기는 많이 민망하지만, 실존주의라 부르는 철학자들의 공통점은 사회에서 일반적으로 통용되는 가치만을 따르는 삶을 경계한다는 점에 있다. 하이데거의 '세계', 라캉의 '상징계', 니체의 권력 혹은 무리들이라고 표현되는 것들이 개인의 외부적인 곳에 존재하며 개인의 삶을 규정하는 구조들인데, 모두 그 구조에 비판 없이 편입되는 삶을 비판한다. 위버멘쉬란 구체적으로 어떤 존재일까.

니체, 위버멘쉬

프리드리히 니체(1844~1900)는 혁명의 철학자이다. 동시대를 살았던 마르크스와는 매우 다른 방식으로 그는 인간의 혁명을 위해 싸웠으며, 후세 인류의 진정한 '자신으로부터의 혁명'에 누구보다도 지대한 영향을 미쳤다. 그는 평생 지독한 두통에 시달렸고 사유의 힘으로 통증을 극복하며 글을 썼다고 알려졌다. 또한, 기존 철학의 체계를 전복시키고, 인간을 신으로부터, 또 인간이 섬기는 다른 모든 주인으로부터 해방하려 했다. 인간의 감정과 열정을 이성과 합리가 쳐 놓은 울타리에서 벗어나게 하고, 생의 원시성을 과학과 이성에서 탈출시켰다. 1900년 어느 겨울, 니체는 마부의 채찍에 속절없이 맞고 있던 말을 보호하려다 몸을 다친 후, 그 후유증으로 세상을 떠나게 된다. 자신의 몸으로 마부의 폭력을 제지하려다 다친 후유증으로 인한 그의 죽음은, 그의 두통만큼이나, 그의 철학의 상징이다.

> 창조하는 자로서, 수수께끼를 푸는 자로서, 그리고 우연을 구제하는 자로서 나는 저들에게 미래를 창조할 것을, 그리고 이미 존재했던 모든 것을 새로운 창조를 통하여 구제하도록 가르쳤다.

> 일체의 '그랬었지'는 창조하는 의지가 나서서 '나는 그러하기를 원했다!'고 말할 때까지는 한낱 흩어져 있는 조각돌이요, 수수께끼이자 끔찍한 우연에 불과하다. 창조적 의지가 거기

에다 '그러나 나 그렇게 되기를 원한다! 나 그렇게 되기를 원할 것이다!'라고 말할 때까지는 말이다. 『차라투스트라는 이렇게 말했다』

그는 신의 어조로 이야기한다. 나는 인간들을 '창조하는 자'로 만들었다고. 그리고 그 창조를 통해 자신을 구제하도록 하였다고. 그래서 인간은 타인이 던져준 삶의 의무를 따라 살기만 하는 수동적인 존재가 아니라, 적극적인 창조의 길을 걷기 위한 존재라고 한다. 또한, 인간은 '그랬었지.'라는 과거형의 체념 언어를 쓰는, 수동적으로 인생을 생각하는 존재가 아닌, '나는 그러하기를 원한다.'의 미래형의 언어를 쓰는, 적극적인 의지의 삶으로 자신을 변형시키는 존재로 창조되었다고 말한다. 그러한 과정을 통해 우리는 별 볼 일 없는 조각돌 같은 존재에서 비로소 '위버멘쉬'를 지향하는 단독적인 삶을 영위할 수 있다는 것이다. 영어로는 overman 이라고 번역되는 그의 대표적인 개념인 '위버멘쉬'란 어떤 존재를 지칭하는 것일까? 위버멘쉬(초인, 좀 더 높은 인간, 좀 더 강한 인간)를 니체는 자유 정신의 소유자로 제시한다.

1. 위버멘쉬는 자신의 '힘에의 의지'에 의해 자기극복을 시도하는 인간이다. 이때 자신에 대한 지배력과 자유를 자기극복의 계기로 삼는다. – 그런 의미에서 고시에 합격한 사람이나 선거에 이긴 정치인 혹은 성공한 기업가를 위버멘쉬라고 부를 수는 없다. 그들

을 지배하는 힘은 자신에서 나온 것이 아니라 세상이 정해준 것이다. 그들의 자기극복은 자유로운 정신의 언어가 아닌 세상의 규칙을 비판 없이 내면화시키고 따름으로써 이루어진 것이다.

2. 위버멘쉬는 자유로운 삶에 적대적인 '형이상학적 이분법'과 '절대적 도덕'을 파괴한다. – 선악의 이분법과 절대적인 도덕은 전통적인 종교나 권력이 신민(臣民)을 만들어내는 강력한 도구이다. 권력을 가지고자 하는 권력자와 권력에 복종함으로써 일상의 안위를 구하는 노예근성에 충만한 대중의 요구가 맞물려 이 같은 구도를 만들어낸다. 종교든 정치든 이 구도를 이용하며, 대중은 스스로 이용당함을 원한다. 니체는 이를 삶에 적대적인 것으로 보았으며 위버멘쉬는 이러한 권력을 만들지도 않을뿐더러 이러한 권력이 작동할 필요도 없는 상태의 인간을 말한다.

3. 위버멘쉬는 전통적인 사회에서는 비도덕적이라고 불리는, 이기적이고 개인적인 존재이다. 자기극복이라는 목표만을 위해 가치평가와 의미를 부여하는 작업을 하기 때문이다. 위버멘쉬는 스스로 정한 삶의 윤리를 중요하게 여기지만 타인이 만들어 놓은, 금지를 강요하는 도덕은 중요하게 생각하지 않는다. 가치의 입법은 스스로 몫이다. 타인의 도덕은 세상의 통치를 위해 권력이 정해놓은 규율일 뿐이며 주체를 권력자에 순응적으로 만들 뿐이다.

4. 위버멘쉬는 자기 입법적인 존재이며 자기 명령적인 존재이다. 그는 '주인 도덕'의 담지자다.

5. 위버멘쉬는 자기 자신에 대해 디오니소스적 긍정을 하는 힘의 느낌을 자신의 행복으로 삼는 인간이다. 그는 아폴론적(이성적인, 논리적인) 세계에서 세상의 인정을 받고 성공하는 세속적인 지도자의 상과는 거리가 멀다. 그는 디오니소스(몰아적 도취에 빠진, 정열적인)의 후예이다. 자신의 감정과 열정과 광기를 사랑할 줄 아는 존재이다. 그는 세상을 따르지 않고 세상에 개의치 않는다.

6. 위버멘쉬는 새로운 사랑을 실천하는 존재이고 세상을 긍정하는 존재이다. 마찬가지로 그는 세상을 부정할 수 있는 존재이다. 그는 자신의 세상을 스스로 창조한다. 세상의 한 부분으로 살지 않는다.

> "사람은 짐승과 위버멘쉬 사이를 잇는 밧줄, 심연 위에 걸쳐 있는 하나의 밧줄이다. 저편으로 건너가는 것도 위험하고 건너가는 과정, 되돌아보는 것, 벌벌 떨고 있는 것도 위험하며 멈춰 서 있는 것도 위험하다. 사람에게 위대한 것이 있다면 그것은 그가 목적이 아니라 하나의 교량이라는 것이다. 사람에게 사랑받아 마땅한 것이 있다면, 그것은 그가 하나의 과정이요 몰락이라는 것이다. 나는 사랑하노라. 몰락하는 자로서가 아니라면 달리 살 줄을 모르는 사람들을. 그런 자들이야말로 저기 저편으로 건너가고 있는 자들이기 때문이다. 나

는 위대한 경멸자들을 사랑하노라. 그런 자들이야말로 위대한 숭배자요 저기 저편의 물가를 향한 동경의 화살이기 때문이다. 나는 사랑하노라. 왜 몰락해야 하며 제물이 되어야 하는지, 그 까닭을 저 멀리 별들 뒤편에서 찾는 대신 언젠가 이 대지가 위버멘쉬의 것이 되도록 이 대지에 헌신하는 자를. 나는 사랑하노라. 언젠가 위버멘쉬를 출현시키기 위해 사물의 이치를 터득하려는 자를. 그런 자는 이와 같이 그 자신의 몰락을 소망하고 있는 것이다." 『차라투스트라는 이렇게 말했다』

병듦과 회복

니체에게 두통은 단순한 하나의 병이 아니었다. 그에게 두통은 병듦과 회복, 다시 병듦과 회복을 반복함으로써 더 단단하고 나은 존재로 나아가는 데 꼭 필요한 일종의 통과의례였다. 그가 몰락을 찬양하는 이유는 몰락을 통해서만 인간은 더 나은 상태로 발돋움할 수 있기 때문이다. 그래서 그는 '몰락하는 자로서가 아니라면 달리 살 줄을 모르는 사람들'을 사랑한다고 했다. 니체의 관점에서 인간은 위버멘쉬를 지향하는 존재이다. 또한, 인간은 위버멘쉬로 가는 과정이자 교량(다리)이다. (에른스트 키르히너, 에밀 놀데 등의 독일 표현주의 작가들이 속했던 그룹의 명칭인 '다리파'

는 니체의 이 경구에서 따 온 이름이다.)

인간은 짐승과 위버멘쉬의 중간 어디쯤에 있다. 그러나 위버멘쉬로 가는 과정은 순탄하지 않다. 세상의 헛된 가르침, 거짓 관념들과 결별해야 하며, 스스로 규범을 창조해야 하고, 무리에 속함으로써 받는 선물인 안정감과 안락함을 포기해야 한다. 때로는 미친 사람이나 무능력한 존재로 낙인찍힐 것이고, 무리나 대중에 섞여 사는 안락한 삶에의 유혹에도 시달릴 것이다. 그래서 위버멘쉬로 건너가는 과정도, 건너가는 것도, 다시 뒷걸음치는 것도, 벌벌 떨고 있는 것도 위험한 것이다.

그래서인지 니체는 그런 운명을 가진 사람을 사랑했다. 그러한 몰락자들, 저기로 가고 있는 자들, (무리에 휩쓸리는 삶에 대한) 경멸자들과 (위버멘쉬의 삶에 대한) 숭배자들을 사랑했다. 그것은 니체가 가진 모든 인간에 대한 사랑이며 그가 긍정의 철학자, 사랑의 철학자로 불리는 이유이기도 하다. 현대의 팍팍한 삶을 살아가는 우리에게 위버멘쉬라는 개념은 너무 버거워 보인다. 니체가 살았던 19세기 말의 사회보다 지금 우리 사회는 훨씬 더 개인의 삶이 어렵고 강팍하다. 백 년 전의 사회는 무위도식이나 게으름을 죄악시하지 않았고, 학교 공부나 직장 업무의 양도 적었다. 부자와 빈자는 여전히 존재했지만 모든 사람이 부자가 되려 아등바등 살지 않았다. 생활의 질은 나아졌지만 위버멘쉬는 그만큼 우리에게서 더 멀어진 듯하다.

그렇다면 위버멘쉬는 지금 우리에게도 요청되고 있는가? 우리의 삶을 비교해보자. 예전보다 팍팍하기는 하지만 사회의 룰을 따른다면 생존으로의 삶을 사는 것은 어렵지 않다. 경제적으로 잘 적응하고 열심히 일하면 굶지 않고 살 수 있다. 정치적으로 사상의 자유는 보장되고, 형식적으로 법은 국민에게 평등하며, 누구도 나의 인권을 강압적으로 억누르지 못한다. 그렇다면 그냥 이 사회에 적응하고 살면 되는 것 아닌가? 위버멘쉬를 따르는 삶이 무슨 소용인가? 아차. 그렇다면 루소의 그림이 세상에 나오기는 어려울 것 같다. 그는 그냥 평범한 공무원으로 살다가 죽었을 테니까.

대지

> **보라, 나는 너희들에게 위버멘쉬를 가르치노라! 위버멘쉬가 이 대지의 뜻이다. 너희들의 의지로 하여금 말하도록 하라. 위버멘쉬가 대지의 뜻이 되어야 한다고! 형제들이여, 맹세코 이 대지에 충실하라. 하늘나라에 대한 희망을 설교하는 자들을 믿지 말라! 그런 자들은 스스로가 알고 있든 모르고 있든 독을 타 사람들에게 화를 입히는 자들이다. 그런 자들을 생명을 경멸하는 자들이요, 소멸해가고 있는 자들이며 이미 독에 중독된 자들인 바 이 대지는 그런 자들에 지쳐있다.** 『차라투스트라』 머리말 일부

니체는 이를 대지의 뜻이라고 말한다. 대지의 뜻이라니? 그럼 땅이 시키는 일이라고? 뒤의 문장을 보면 대지의 의미가 더욱 선명해진다. 대지란 하늘의 반대에 위치하는 것이다. 그러면 하늘은 무엇일까? 하늘나라의 희망이란 종교적으로는 착한 일을 하면 천국에 간다는 희망이고 정치적으로는 권력자들의 선한 의지를 믿고 인내하면 나중에는 좋은 세상이 올 것이라는 희망을 품는 것을 일컫는 말이다. 오지 않을 미래의 희망을 설파하는 이들은 현실의 생의 의지를 꺾는 자들이고 세계를 독으로 중독시키는 이들이라고 니체는 경고한다. 대지는 우리가 서 있는 땅이다. 하늘 위에 지어진 반석 위의 세계나 다음 생에 태어날 나의 모습이 아니다. 지금 내가 딛고 있는 땅은 나의 지금 생의 삶이요, 내가 맞닥뜨리고 있는 나의 현실이다. 니체는 위버멘쉬가 대지의 뜻이라 말했다. 그럼 우리에게 하늘은 무엇이고 대지는 무엇일까? 그리고 나의 구체적인 삶을 지배하고 나를 나답게 살지 못 하게 만드는, 하늘나라에 대한 희망을 설파하는 거짓 선지자들은 누구인가?

하늘

ep. 1

그녀는 내가 운영하는 독서모임에서 알게 되었는데 모임에도 열심이었고 인문학적 소양도 깊은, 직업이 고등학교 선생님인 이십 대 후반의 보기 드문 이였다. 독서모임이 대부분 그렇듯 책을 잘 읽어오고 토론에 적극 참여하는 이들은 소수여서, 두세 명 정도의 핵심이 열에서 스물 정도의 일반 회원을 이끌어 갔다. 그녀는 모임에 적극적이고 좋은 리더십을 보여주던 친구라 결혼에 대해 고민이 있다는 이야기를 꺼냈을 때 내용이 궁금했다. "오래 만나지는 않았지만, 그 오빠랑 있으면 마음도 편하고 이야기도 재미있어요. 사실 꽤 끌리는 분인데 얼마 전부터 결혼 이야기를 꺼내요. 근데 오빠가 대기업 정직원이 아니라서 고민이 돼요. 어떻게 들리실지 알지만, 솔직히 친구들에게 애인이라고 소개를 못 했어요. 이런 제가 부끄럽기도 하지만 현실은 현실이더라구요. 저도 제가 이럴 줄은 몰랐는데 조건을 따지고 있더라구요. 어떻게 하면 좋을까요?"

고민을 듣는 순간 일단 공감이 되었다. 물론 양심의 공감이 아닌 현실의 공감이었다. 그래서 조건도 중요하지만 사랑이 더 중요하지 않겠냐고, 조건이 좋은 상대를 새로 찾지 말고 그분이랑 결혼해서 행복하게 사는 것이 좋지 않겠냐는 양심의 조언은 하지 못했다. "편하고 맞는 사람이랑 결혼하는 것이 맞지만, 현실적인 것도 신경이 쓰이기는 하겠네요. 두 마음이 이랬다저랬다 다투겠지만, 나중에 더 후회가 덜한 쪽으로 결정해요. 그냥 마음의 소리에 귀를 기울이고 그 소리를 따라가요."라고 꽤 중립적인 조언을 해주었다. 몇 달 후 그녀는 상대와 헤어졌다고 말했다.

ep. 2

집값이 천정부지로 올라 정부가 보유세를 계속 올리던 때의 어느 날이었다. 카페에서 집사람이랑 차를 마시는데 옆 테이블에서 조금은 상기된 목소리가 들리기 시작했다. "아이 참, 지금 나한테 증여를 해야 해. 엄마가 가지고 있을수록 종부세만 늘지, 나중에 돌아가시고 나면 상속세율이 얼마나 높은데, 지금 나 주는 게 돈 버는 거야. 엄마." "아니, 그건 나도 알지만 좀 지나면 정권도 바뀔 거고, 선거도 있는데 그냥 있어보자. 이때까지도 별별…" "아니야 엄마. 정권이 바뀌어도 이제는 시대가 달라져서 쉽게 옛날로 안 간다니까? 그리고 무슨 정부가 전 정권이 올려놓은 세금 날름 받아먹지 뭐하러 일부러 토해내겠어? 그리고…" 아기와 함께 있는 삼십 대 후반 정도로 보이는 딸이 나이 지긋한 엄마에게 날 선 목소리로 훈계를 늘어놓고 있었고, 엄마는 언짢고 미안한 얼굴로 딸에게 무언가를 설명하고 있었다.

두 에피소드의 주인공들에게 눈곱만큼의 비난도 할 생각이 없다. 나는 더 심한 속물이기 때문이다. 그리고 삶이라는 무게 앞에서 누구를 비난하거나 누구에게 비난받을 처지가 되어서도 안 된다. 개별적인 것으로 돌릴 수 있는 문제가 아니기 때문이다. 젊은 친구는 같이 일하던 선생님들이 결혼할 때 신랑 될 이의 직업에 대해 수군거리는 뒷말을 수도 없이 들었을 것이고, 선생님들 사이에서 중소기업 회사원을 배우자로 선택한다는 것이 현실에서 어쩐 의미인지도 알 것이고, 아기엄마는 비슷한 조언을 비슷한 처지의 친구들에게 듣고 남편과도 상의한 뒤 엄마와 본격적으로 이야기하겠다고 마음먹었을 것이다. '돈'에 의해 구체적 현실의 삶이 굴절되거나 왜곡되어보지 않은 사람이 누가 있을까? 이상적인 삶을 바라며 일상의 욕망을 억압하고 행복하게 살 수 있을까? 일상과 이상은 그렇게 하나가 될 수 있을까?

돈은 새로운 하늘이다

그러나 '돈'이 삶의 거의 모두를 움직인다는 것은 문제가 있다. '돈'이 침투하지 못하는 삶의 영역이 거의 없을 정도로 전면적으로 우리의 삶이 통제당하고 있다는 것은 심각한 문제이다. 지금은 모든 삶의 가치와 의미가 자본화되고 계량, 계측이 가능하게 되었다. 자본은 우리가 모시고 있는 하늘이다. '남들처럼 해서는 남보다 나을 수 없다. 혁신은 자기 자신에게서 출발한다. 내부를 완전히 개조시키지 않으면 남의 뒤만 쫓아가게 된다.' 식의 잠언들이나, 성공의 이미지와 상품을 연계시키는 영리한 광고들을 생각해보자. 결국 '자본'의 계명은 '너의 모든 시간과 노력은 자본의 이익증대를 위해서 쓰이도록 하라. 너의 급여 역시 상품의 구매를 통해 자본의 이익증대를 위해 쓰이도록 하라.'는 것이다. 그리고 우리는 모두 그 명령을 충실히 따르는 자본의 신민들이다.

루소

루소는 경제적인 어려움과 가족을 잃은 슬픔에 매몰되거나 주저앉지 않았다. 슬픔도 가난도 그의 창작욕을 꺾지는 못했다. 그의 삶의 약력을 떠올리면 루소야말로 위버멘쉬에 가까운 존재가 아닐까 생각한다. 위버멘쉬의 여섯 가지 특징에 그의 삶의 이력은 얼추 비슷하게 포개진다. 루소의 〈잠자는 집시여인〉을 들여다보자. 집시여인은 악기를 옆에 뉘어놓고 곤히 잠들어 있다. 아마 온종일 노래를 하고 춤을 춰서 번 돈으로 저녁을 배불리 먹은 것 같다. 옆에 무서운 사자가 어슬렁거리지만, 그녀는 아랑곳하지 않는다. 하늘의 달과 별이 그녀의 잠자리를 밝고 따스하게 비추고 있다. 그가 53세에 그린 그림이다. 나와 비슷한 나이인 아저씨의 상상력이다. 사랑스럽지 않은가?

위버멘쉬는 미디어에 자주 등장하거나 요란하게 자신의 성공이나 업적을 선전하는 이들을 지칭하는 것이 아니다. 요란하지 않게 자신이 옳다고 생각하는 일을 묵묵히 하거나, 자신의 진정한 욕망을 이해하고 따르는 이들일 것이다. 타인의 시선이나 산만하기 그지없는 주위 사람들의 충고에 굴하지 않고 자신의 의지를 실천하고 있는, 옆집에 사는 아저씨거나 카페 옆자리에 앉아 두꺼운 안

경을 쓰고 공부에 여념이 없는 학생인지도 모른다. 아니면 루소의 집시여인처럼 고단한 연주를 마치고 곤히 잠들어 있는 무명의 인디밴드 연주자거나 생활고에 지쳐 논술 아르바이트를 하지만 위대한 글을 창조하는 꿈을 버리지 않고 있는 무명 시인일지도 모른다. 그러나 대부분의 '우리'는 오늘도 하루하루를 남들이 정해준 위치에서 벗어나지 않고 창조적이지는 않지만 평안한 일상을 영위하고 있다. (사실 이 일상도 평안하지만은 않다. 다만 집단 속에서 '이만하면 되었다.'라고 생각하며 살아가는 것이다.) 차라투스트라는 하늘(자본)의 뜻을 섬기지 말고 몰락을 두려워하지 말라고 이야기한다. 사실 나는 그럴 용기가 없다. 그러나 차라투스트라의 말이 전적으로 옳음은 안다. 오! 니체여. 차라투스트라여. 사랑의 철학자여. 이런 나를 미워하지는 않기를.

앙리 루소의 다른 그림 엿보기

꿈

이 그림 역시 루소의 대표적인 작품으로 손꼽힌다. 제국의 시대였던 당시 제국주의 침략을 합리화시켰던 이론적 뒷받침은, 이성과 합리로 대변되는 서양사상의 위대함과 우월함을 미개하거나 야만적이라고 생각되는 다른 국가에 전파시킨다는 당위성이었다. 사회적 자본의 수탈이나 불공정한 무역은 수면 밑에 가라앉혀놓은 제국이 챙기는 실리였다. 사상적으로는 합리주의나 계몽주의가, 학문적으로는 기하학과 과학이, 종교적으로는 기독교가 그 목적을 위해서 동원되었다. 그 이외에도 골상학, 진화생물학 등 다양한 영역의 분과학문이 식민지인의 열등함과 유럽인의 우월함을 증명하려고 동원되었다. 소위 전문가집단이 권력을 위해 학문의 목적을 왜곡시키는 것은 그 뿌리가 깊다. 아니면 학문이 먼저 그런 목적으로 탄생한 것은 아닐까?

19세기를 이어 20세기로 연결되는 식민지 시대의 지식인들에게 열대, 동양, 인도 대륙은 단순한 식민지배를 위한 대상일 뿐만 아니라 스스로 마음속에서 만들어 낸 판타지의 대상이기도 했다. 그들은 서구의 이성적인 사고의 팽창에 염증을 느끼기라도 한 듯 아프리카나 아메리카의 원시 대륙을 향한 달 뜬 흥분의 동경심을 가졌었다. 인상주의 화가들의 일본 사랑은 유별났으며 피카소는 아프리카의 조각상을 처음 보고 그 새로움에 무척 기뻐했고 루소의 그림에도 밀림의 풍경이 등장한다. 이 그림에서 루소는 그가 젊은 시절 사랑했던 폴란드 태생의 여인 야드비가를 주인공으로 남아메리카에나 있을법한 열대 야생의 밀림을 그렸다. 여인과 소파와 사자와 피리를 부는 흑인 여성이 있고 뱀과 코끼리도 등장하고 있다. 그리고 이 그림을 위한 시도 덧붙인다.

> 야드비가는 깊은 잠에 푹 빠져 깊은 꿈을 꾸었습니다.
> 땅꾼이 부는 풀피리 소리를 들었지요.
> 달은 꽃들과 푸릇한 나무들을 비추고 있습니다.
> 뱀은 피리의 아름다운 소리를 즐깁니다.

오십이 넘어선 천진난만한 성격의 소유자였던 루소는 과거 연인의 꿈속을 이렇게도 황홀하고 아름답게 그려내었다. 그림 속의 여인과 소파나 동식물의 묘사는 각각 사실적이다. 그러나 그들의 배치는 사실적이지 않다. 함께 있을 것 같지 않은 사물들을 한 화면에 배치함으로써 생경스러움을 연출하는 '낯설게하기'는 초현실주의 작가들의 단골 메뉴이다. 후대의 초현실주의의 대가인 살바도르 달리나 르네 마그리트의 그림을 떠올려보면 초현실주의가 루소에게 많은 빚을 지고 있다는 것을 알 수 있다.

이 그림에는 루소의 과거의 연인이 있고, 루소가 살던 시대의 지식인들에게 유행이던 야생에의 동경과 판타지가 섞여 있다. 그

리고 루소는 생각하지 못했지만, 그는 미술사의 새로운 미래를 열었다. 그렇게 루소의 그림에는 그의 과거가, 그 시대의 현재가, 예술의 미래가 같이 어우러져 있다. 훌륭한 예술작품이 대부분 그렇듯이 말이다. 얼마 전 식구들과 카페에 들렀다가 커피잔에 낯익은 문양이 보이길래 유심히 살펴보니 루소의 그림에서 자주 등장하는 열대식물의 잎들이 보였다. 무심코 '이 무늬 보니 누구 생각 안 나? 왜 화가 루소 있잖아.' 했더니 딸이 금방 간단한 검색을 했다. '아빠. 엔젤리너*가 루소라는 화가의 그림을 컵과 텀블러에 넣었대. 와 아빠 대단.'이라며 나를 추켜세웠다. 백 년 전의 화가 덕에 딸 앞에서 잠시나마 우쭐거릴 수 있었다.

〈풍경 속의 자화상〉(1890)

이 작품은 앙리 루소의 초기작 중 대표작이라고 할 수 있는 그의 자화상이다. 1889년에 개최된 만국 박람회를 배경으로 당시 세관원이었던 자신을 주인공으로 그린 그림이다. 이때는 일을 그만두기 전 46세의 나이로 일이 없는 주말에만 그림을 그려 '일요화가'라고 불릴 때였다. 붓과 팔레트를 든 본인의 모습을 그림의 중앙에 크게 그려 넣은 것을 보면 예술가의 자부심이 대단함을 알 수 있다. 뒤로는 센 강에 정박한 외국 배와 박람회를 알 수 있는 만국기 정도가 조금은 어설프게 그려져 있다. 하늘의 열기구와 구름 태양도 보이지만 어린아이가 그린 듯 특이한 모습이다. 이 그림은 루소가 끝까지 공개하지 않았다고 한다. 그가 이 그림을 팔지 않았던 이유는 무엇일까? 무명 시절 자신이 예술가임을 의기양양하게 뽐내고 있는, 그의 자존심이 마음껏 드러난 그림이라서가 아닐까? 세월이 흐르며 이 그림에 아내의 이름과 재혼했던 둘째 부인의 이름도 넣었고 나중에 교사로서 받은 공로 훈장도 옷깃에 그려 넣었다. 이 자화상은 루소 자신의 분신 혹은 아바타 같은 의미가 아니었을까? 루소와 관련된 일화 중에는 그의 이런 높은 자존감을 엿볼 수 있는 대목이 종종 있다.

피카소를 비롯한 거장들에게 인정받기 이전에는 무명의 화가에 불과했지만, 그 시기에도 그는 자신이 최고의 화가라는 자신감을 잃은 적은 없었던 것 같다. 무명 시절 사기 사건에 휘말려 재판을 받은 적이 있는데 그때 재판정에서 "내가 유죄 판결을 받는다면 가장 피해를 보는 것은 내가 아니라 예술 그 자체일 것이다."라고 말했다고 하니 어디서 샘솟는지 모를 자신감이 항상 충만하던 이가 루소였다. 그리고 유명해진 이후, 당대의 화가 중 최고의 평가를 받던 피카소에게 "우리 둘은 세상에 현존하는 최고의 화가야. 물론 자네는 좀 이집트풍이고 내가 더 모더니즘에 가깝지만 말이야."라고 당당하게 말했다는 일화는 유명하다. 이때 피카소를 비롯한 모임의 사람들이 루소의 어린아이 같은 순수함을 잘 알고 있어 웃으며 넘어갔다고 한다. 위버멘쉬는 스스로 자신의 윤리를 창조하는 어린아이 같은 존재이다. 이 자화상은 루소에게 삶의 의지와 방향을 설정한 나침반 같은 존재였을 것이다. 이 자화상처럼 그는 누가 뭐라든 자신을 믿었고 계속 좋은 화가가 되기 위하여 노력했다.

어린아이는 놀이의 규칙을 스스로 창조한다.

어린아이는 놀이에 완전히 몰두한다.

어린아이는 어른들이 유치하다고 놀리는데 연연하지 않는다.

어린아이는 금방 친구를 만든다.

루소는 니체의 어린아이 비유에 꼭 들어맞는다. 그처럼 살고는 싶었지만 그러지 못한 나는 단언컨대 낙타의 삶을 살았고, 앞으로도 그럴 것 같다. 나는 루틴의 삶을 벗어나면 불안하고 초조해진다. 생각해보면 불현듯 여행을 떠난 적도 없고, 일상을 흔들 가능성이 있거나 삶의 큰 변화를 가져다줄 수 있는 결정은 잘 피해간다. 그러나 앞으로 어린아이의 삶을 동경할 것이다. 혹은 나이가 더 들어 어린아이가 되어볼 수도 있을 것 같다. 삶에는 맛있는 것을 먹고 안락한 침대에서 잠드는 것 이상의 무엇이 있지 않겠는가? 물론 그 길에는 어떤 고통이 함께 있을 것이다. 철학과 예술은 그렇게 삶의 근본을 어루만지며 생의 상처 역시 아프고 고통스럽지만 도려내 줄 수 있다고 믿는다. 병듦과 회복, 고통과 치유. 니체의 사유 안에서 철학과 예술은 하나처럼 보인다.

오르낭의 장례

귀스타브 쿠르베

니체여! 우리는 우리가 섬기는 이즘의,
자본의 신을 죽일 수 있을까?

〈오르낭의 장례〉

1850년, 파리의 한 살롱에 가로 6m, 세로 3m가 넘는 거대한 크기의 그림이 전시되었다. 당시 이 정도 크기의 작품이라면 역사의 한 페이지를 장식한 위대한 영웅의 전투 장면이나 거대한 스케일이 요구되는 신화, 혹은 성서의 장엄한 장면이 표현되어야 마땅했을 것이다. 그런데 작은 동네 풍경에다 평범한 사람의 장례식 장면이라니. 각 인물의 연출은 또 어떤가. 장례식에 참석한 이들은 의식에 집중도 하지 않고 어수선하고 산만한 자세로 그려져 있다. 뭐 하나 특별한 것 없는 프랑스 아무 동네에서나 벌어질 법한 장례식 풍경이다. 관람객은 혹시나 놓친 것이 있나 싶어 제목을 보면 '오르낭(프랑스의 소도시)의 장례'이다. 이게 끝인가? 슬슬 관람객은 화가 나기 시작한다. '내가 왜 전시회까지 와서 이따위 그림을 보고 있어야 하지? 이 천박한 그림을 그린 화가 놈은 대체 누구야?'

귀스타브 쿠르베(1819~1877)는 이 그림의

배경인 프랑스의 오르낭이라는 작은 마을에서 태어났다. 그의 아버지는 소도시의 부유한 지주였다. 아버지는 자신의 지위와 위신에 어울릴만한 법률 공부를 시키려고 쿠르베를 파리로 보내지만, 아들은 화가를 지망하여 스스로 예술가의 길을 걷는다. 이 그림은 실제 화가 외조부의 장례식 풍경으로 알려져 있다. 그는 외조부를 특별한 존재로 그리지 않았다. 동네 사람들은 그저 아는 사람의 장례식에 어쩔 수 없이 참여해 시간을 죽이고 있는 것처럼 보인다. 외조부의 장례식을 모델로 했을 뿐 쿠르베가 그린 것은 그냥 누구나의 장례식이다.

쿠르베는 '사실주의' 시대를 연 화가이다. 그 당시까지 회화의 소재는 역사의 영웅들이나 신화나 성서에서 주로 차용되었다. 그 이외의 그림이라면 부자들이 의뢰해서 그리는 자화상이나 정물을 소재로 하는 그림, 그리고 풍경화 정도였다. 그러나 쿠르베는 아무'것'도 아닌, 그리고 아무 '이야깃거리'도 없는 그냥 일반인의 삶의 장면을 그대로 화폭에 그렸다. 왜 그랬을까? 답은 여러분이 지금 생각하는 그대로이다. 쿠르베는 역사의 주인을 신이 아닌, 혹은 신처럼 떠받들어지는 영웅이 아닌, 혹은 자본을 축적해 신흥계급으로 등장한 부르주아도 아닌, 그 시대를 살아가는 장삼이사들인 '민중'으로 보았기 때문이다.

쿠르베의 삶 또한 그의 그림만큼이나 역동적이었다. 그는 1871년의 보불전쟁에 패한 나폴레옹 3세의 부패와 무능함에 파리 민중들이 봉기한 파리코뮌에 적극 참여하였다. 코뮌이 몇 달 이상을 버티지 못하고 무너지자 정부는 나폴레옹 기념탑 해체를 주도한 쿠르베에게 책임을 물어 막대한 배상금과 징역형을 선고한다. 아마 지금이라면 노조에게 파업으로 인한 생산 차질에 대한 손해배상금을 물어내라는 판결과 비슷할 것이다. 그는 32만 프랑이라는 어마어마한 탑의 재건 비용을 부담해야만 했고, 거의 파산에 이르렀으며, 추가로 있을지도 모르는 구금을 피해 스위스로 피신한다. 돈 문제와 본국에서의 법적인 절차의 진행은 쿠르베에게 마음의 짐이 되었고 그는 술에 의지해 작품활동도 거의 하지 못한 채로 지내다 1877년 스위스에서 사망하게 된다. '나의 의지'대로 사는 삶은 후세에게는 귀감이 되지만, 본인과 가족의 삶은 종종 힘들고 어려워지게 마련이다.

흔히 사실주의를 대상을 있는 그대로 그리는 화풍이라고 생각하기 쉬운데, 틀린 말은 아니지만, 사실주의에는 자연을 그대로 모방한다는 의미에서의 '자연주의'와는 다른 뉘앙스가 있다. 사실주의 화가들은 그 이전의 회화의 소재였던 신, 영웅, 성서의 인물 대신 보통 사람들의 일상을 그렸다. 이는 역사와 세상의 주인이 하늘에 있는 신들이나 영웅이 아닌, 세상을 살아가는 민중들이라는 것을 선포한다고 볼 수 있다. 그래서 사실주의 그림의 주인공들은 장례식에 참석한 보통 사람들, 석공들, 노동을 마치고 돌아오는 이들이다. 쿠르베가 파리코뮌에 적극적으로 참여한 것 역시 같은 맥락에서 이해된다. 코뮌에 참여한 이들은 신에게 정의를 요청하지 않았다. 역시 신의 대리인을 스스로 칭하는 이들이나 황제의 정의도 거부했다. 그들은 인간의 권리를 모두에게 동등한 것으로 보았고, 그러한 정치체제로서 공화정을 수립하고자 하였다. 신에게는 죽음을, 인간에게는 자유와 평등을! 이것이 파리코뮌의 슬로건이었다.

파리코뮌으로부터 150여 년이 지났다. 신과 신의 위치에 있는 권력자들은 이제 차분히 죽음을 맞이하였을까? 인간은 스스로 자유로워졌을까? TV 화면에서 본 인터뷰 영상은 우리가 모시고 있는 신에 대해 답을 주고 있었다.

2020년 인터뷰 1

"나라에 큰 우환이 생겼어. 걱정스러워 밤에도 잠이 안 와." 문경에서 새벽차를 타고 광화문 집회에 나오셨다는 팔순을 갓 넘기신 할아버지는 작금의 한국 사회가 너무나 걱정되시는지 카메라 앞에서 연신 손짓을 하며 미간을 찌푸린다. 동이 트기도 전인 새벽, 어둑어둑한 새벽을 가르고 걱정 많으신 할머니의 잔소리를 등 뒤에 두고 길을 나섰을 것이다. 길가에는 아직 가시지 않은 겨울의 잔향이 남아 꽤 쌀쌀한 바람이 불었을 것이고 바람을 맞서며 허우허우 걸어 정류장에서 마을버스를 탔을 것이다. 안동 터미널에서 버스를 갈아타기 전 대기실에서 할아버지는 무슨 생각을 했을까? 안동에서 서울까지 세 시간 정도의 시간에 누구를 떠올렸을까? 열 살 남짓 되었을 때 터진 한국전쟁이나 스물 즈음에 일어났던 쿠데타를 기억했을까? 전쟁 통에 헤어졌던 친구들이나 해방 후 야만이 휩쓸던 시기에 잃어버렸던 첫사랑이나 왜놈 앞잡이니 빨갱이니 서로 물어뜯고 죽이던 그때 광기에 의해 돌아가셨던 선생님이나 삼촌, 혹은 큰 형님을 떠올렸을까? 혹은 스스로 몸을 담았던 건국준비위원회나 서북청년단 같은 조직에서 펄펄 끓는 젊음의 피로 활동했던 과거의 어느 거리나 시위 현장을 떠올렸을까? 아니면 애들이 막 태어날 즈음부터 온 나라에 울려 퍼지던 새마을 운동의 힘찬 기운을 떠올렸을까? 한 번씩 고단했던 지난 시절 이야기를 하려고 하면 그때가 언제인데 색 바랜 말씀을 하시느냐며 면박을 주던 첫째나 둘째 딸을 떠올렸을까?

가난과 싸우랴 이즘과 싸우랴 강퍅하기 그지없었던 시절들이 휙휙 머릿속을 지나갔을 것이다. 그렇게 일구어 온 나라를 선전선동에 능한 좌파 세력들이 집어삼키는 것을 더는 그냥 보고 있을 수 없으셨을 것이다. 그는 그가 한국의 역사이자 증인이라고 생각하셨을 것이다. "아이구 박정희 대통령이 이 나라를 어떻게 세우셨는데. 이제 이 나라를 어떻게 해야 해?"

2020년 인터뷰 2

"기자님이 잘 모르셔서 그러시는 것 같네요, 여기는 사기나 뭐 그런 거로 사람들 속이는 그런 다단계가 아니에요. 회장님이 이루어내신 것은 유통의 혁신이에요. 우리 회사가 어떻게 커나가는지를 지켜보시면 제 이야기를 이해하실 거예요." 지방 대학의 경영학과에 다니다 학교를 휴학하고 정규 사원이 되었다는 청년은 아직은 회사가 부족한 것이 많다며 쑥스러운 듯 대여섯 명이 함께 기거하는 송파구 방이동의 한 오피스텔을 구경시켜 주었다. 부모님에게는 회사가 좀 더 크면 휴학한 것을 말씀드릴 것이라며, 두 학기 등록금을 사업자금으로 회사에 투자했다고 했다. 회사는 그 오피스텔에 서른 개 정도의 방을 임차해 있었으며 어림잡아도 삼백 명쯤의 젊은이들이 기거하고 있는 듯 보였다. 이들은 삼삼오오 모여서 조직의 방법과 소통과 설득의 기술에 관한 공부를 함께한다고 했다.

그의 이야기에는 거리낌이 없었다. 의심도 회의도 없었다. 그는 학교에서 배우는 지식은 모두 죽은 지식이라고 단언했다. 다시는 학교로 돌아가지 않을 것이지만 자퇴를 하지 않은 것은 집으로 연락이 갈 것 같아서였다고 했다. 무언가를 확신하기에는 좀 어려 보였지만 확신은 어떤 진실도 어떤 실체도 그 믿음에 작은 균열 하나 만들 수 없게 그를 단단하게만 바꾸고 있었다. 잠시 생각해

보았다. 삼백 명의 젊은이들이 그 오피스텔 안에 있다. 그들의 숫자만큼 그들의 부모님은 아이의 장래를 위해 고단한 일상을 보내고 계실 터였다. 그들이 이 오피스텔에 있지 않았더라면 앞으로 그들이 만들어나갈 수 있을 법한 미래의 다른 결의 삶이 있다. 그들이 사랑하는 연인들과 장차 태어날 그들의 아이들이 있다. 그리고 그들을 시궁창으로 밀어 넣는 기성세대들로 대변되는 사회 구조가 있다. 그들의 고혈을 빨아먹는 이들과 그 모든 이들이 믿고 신봉하는 새로운 우리의 '신'이 있다. 자본이다. 모두 그 새롭고 막강한 신의 충실한 신민으로 살아가고자 하며, 누구보다도 열심히 그의 유능한 노예가 되기를 갈구한다. 거기에 있던 삼백이 다가 아니다. 삼십만, 삼백만의 '그들'이 우리 사회에 있다.

신은 죽었다

(신은) 괴로움도 없고, 싸우지도 않고, 혼란도 가지지 않는다. 성내지도 탓하지도 처벌하지도 자신을 방어하지도 않는다. 칼을 가져오지도 않고 그가 분열시킬 수 있다고 예상하지도 않는다. 기적이나 보상에 대한 약속을 통해서 자신을 입증하지도 않는다. 믿음 자체가 모든 순간에 자기 자신에 대한 증거이고 보상이며 기적이다. (신은) 가장 내면적인 것, 체험들에 대해서만 이야기한다.

니체의 글이다. 이 글은 그리스도에 관한 이야기이다. 맞느냐고? 맞다. 니체는 신을 죽인, 즉 무신론자이자 신을 배격한 철학자로 알고 있는데 이렇게 신을 예찬했냐고? 니체가 무신론자라는 것은 사실과 다르다. 니체는 독실한 그리스도인이었다. 그럼 니체가 죽인 신은 누구인가? 니체의 글을 다시 읽어보자. 혼란과 싸움을 가져오는 이는 그리스도가 아니다. 그리스도는 칼로서 우리를 위협하거나 기적을 팔거나 우리를 분열시키지도 않는다.

고발된 신의 목록

그의 말대로 신이 그런 분이 아니라면 신이 아닌 누군가가 신의 이름을 들먹거리며 우리를 위협하고 분열시키는 것이다. 니체는 그러한 신을 고발한다.

첫 번째 죽어야 할 신은 교회이고 성직자들이다. 니체는 그 누구보다 우선 신의 이름을 팔아먹는 이들을 고발한다. 신은 교회 안에만 있지 않다. 신은 헌금의 액수로 사랑을 측량하지 않는다. 그러나 사제들은 가짜를 말하고 실천한다. 그리스도교 사제가 입에 올리는 신은 그들의 이익에 맞게 만든 신이지 참된 그리스도의 모습이 아니다.

두 번째로 그는 연민의 신도 고발한다. 어려움에 빠진 이들을 일으켜 세우지 않고 연민하는 신은, 결과적으로는 불쌍한 처지에 빠진 이들의 독자적 실존 의지를 약화시켜 삶과 생명력의 손실을 가져온다. 연민은 불완전한 형태의 사랑이다. 삶의 어려움의 필연성과 유의미함을 긍정하는 인간은 연민의 도움이 필요하지 않다. 진정한 신은 인간을 연민하지 않아야 한다. 신은 인간을 스스로 일어나게 하고 홀로 삶을 기획하고 실천할 수 있게 해야 한다. 그러한 삶을 몸소 실천하신 그리스도처럼.

세 번째로 그는 시기와 질투에 빠진, 유일신만을 인정하는 신을 고발한다. 니체의 신은 금지의 신이 아니다. 신은 모든 것을 긍정한다. 수많은 금지의 조항을 잔뜩 늘어놓고 그것을 지키라고 하는 부정의 신에게 니체는 사형을 선고한다. 긍정의 신은 다른 신을 시기하지 않는다. 긍정하는 정신의 소유자가 다른 이들을 시기하지 않듯이.

마지막으로 니체가 고발하는 신은 고대 그리스 시기부터 서구의 지성을 이끌어오던 형이상학의 신이다. 플라톤의 이데아론 이후 세계를 '만물이 모습을 변하며 생성하는 현실 세계'와 '변화나 생성 없이 영원히 존재하는 이상세계'를 분리해서 사고하는 전통은 후대의 사상에 막대한 영향을 미치며 영향력을 행사한다. 중세의 신학, 데카르트의 사유와 연장의 이분법과 본유관념, 칸트의 이성과 선험적 종합판단, 헤겔의 절대정신에 이르기까지 이어오는 전통적인 형이상학적 이분법을 니체는 정면으로 거부했다. 그리고 그의 살해목록에 신과 함께 형이상학을 올려놓았다.

당신은 어디에 계십니까?

중학교 시절 내내 동네에 있는 교회에 열심히 다닌 적이 있다. 운영이 좀 어려웠는지 규모가 작은 교회였는데 부흥회를 자주 열었다. 그때 나는 중학생부 대표를 맡고 있던 터라 기도회, 수련회, 부흥회 가리지 않고 참석했었는데 어느 날 작은 사건이 생겼다. 부흥회가 한참 무르익을 무렵, 목사님 대신 설교에 나선 외부 장로가 청산유수처럼 은혜의 말씀을 신도들에게 이야기하며 열기가 고조되고 있었고 간간이 좌석에서 '주여' '아멘' 하는 탄성과 울음에 가까운 흐느낌이 흘러나오고 있었다. 갑자기 좌석에서 젊은 부부가 함께 무엇을 싼 보따리를 들고 단상을 향했다. 외부 장로가 귓 말로 부부의 이야기를 듣더니 마이크를 잡고 이야기를 시작했다. "오. 영광의 날입니다. 영광의 밤입니다. 주 하나님의 은혜가 이렇게 지금 우리에게 뜨겁고 뜨겁게 비추고 있는 것입니다. 주여. 고맙게도 이 결혼을 앞둔 부부가 그들의 전세자금이자 전 재산을 주 하나님의 제단 앞에 내어놓았습니다. 저는 지금 하나님의 은혜가 너무 뜨거워서 몸이 타는 느낌입니다. 다시 한번 외쳐봅시다. 할렐루야." 그날 밤의 뜨거운 열기 속에서도 중학생이었던 나는 그들이 진심으로 걱정되었고 당연히 내일 날이 밝으면 교회에서 저 돈은 돌려줄 것이라고 생각했다. 다음 날 청년회장이던 교회 형에게 그 말을 했더니 형은 돈은 돌려주지 않을 거라고 하면서 오히려 왜 그런 생각을 하는지를 궁금해했다. 그리고 곧 나는 교회 다니기를 그만두었다.

니체에 의하면 신을 먼저 죽인 것은 인간이다. 신의 아들이라는 사제들이 가장 비열하게 신을 죽였다. 그리고 니체는 연민이라는 이름으로 어려움에 빠진 이들이 다시 살아날 수 있는 생명력을 빼앗아가는 신도 거부하고 죽였다. 유일신을 강조하며 시기와 질투에 빠져 인간의 삶을 질곡으로 빠트리는 신도 죽였다. 마지막으로 니체는 플라톤의 이데아론을 필두로 데카르트, 칸트, 헤겔로 이어지는 존재와 생성의 세계를 분리하는 모든 이분법의 형이상학을 거부했다. 그리고 자신의 삶을 있는 그대로 사랑했던, 가장 어린아이에 가까운 거짓 없는 삶을 살았던 그리스도의 삶을 그리고 인간들을 향한 그리스도의 사랑을 숭배했으며 그의 삶 역시 그리스도를 따르고자 했다. 니체는 예수만이 그리스도교의 성경에 충실한 최초의 그리스도교인이고, 또한 최후의 그리스도교인이라고 이야기한다. '역사상 그리스도교인은 단 한 사람이었고 그는 십자가에서 죽었다.'고 니체는 말한다.

> 기쁜 소식은 무엇을 의미하는가? 참된 삶이, 영원한 삶이 발견되었다는 것? – 이런 삶은 약속되지 않는다. 이런 삶(참된 삶)은 (영원이나 천국이 아닌) 거기, 너희 안에 있다. 사랑하며 사는 삶으로서, 뺄 것도 제할 것도 없이 거리를 두지 않는

> 사랑을 하며 사는 삶으로서. 누구든지 다 신의 자식이다 – 예수는 결코 자기 자신에게만 적용되는 것은 아무것도 없다고 주장한다 – 신의 자식으로서 누구든 다 동등하다. 그런데 예수를 영웅으로 만들어 놓다니! 게다가 '천재'라는 말은 또 그 어떤 오해란 말인가! '정신'이라고 하는 우리의 개념 전체는, 이 우리의 문화적 개념은 예수가 살던 시대에는 전혀 아무런 의미도 없었다. 생리학자들의 엄밀성으로 말하자면, 거기서는 오히려 완전히 다른 말이 더 적합할 것이다. '백치'라는 말이.

이렇게 니체는 공허한 말로 참된 삶 혹은 영원한 삶을 약속하는 이들과 모든 그러한 사상은 거짓이라고 고발한다. 그리고 계산 없이 모두를 사랑하는 삶이야말로 참되고 영원한 삶이며 그렇게 살 때 우리는 신의 자식이 된다고 말한다. 그렇게 우리는 예수와 같은 삶을 살게 되는 것이며, 그것은 머리가 좋은 천재 같은 삶이 결코 아니며, 오히려 백치에 가까운 어린아이 같은 삶을 살 때 가능한 것이라고.

쿠르베

쿠르베는 신화나 성서의 인물이나 들어갈 수 있는 거대한 캔버스에 민중의 일상을 그려 넣었다. 그는 더 이상 성서의 이야기를 대단한 것으로 숭배하지 않았다. 이 땅에 사는 '너와 내'가 만들어 내는 삶의 장면을 오히려 역사의 중심의 장면이라고 생각했다. 1789년 프랑스혁명은 모든 시민이 사회의 주인이라는 계몽의식을 시민들에게 고취시켰는데, 19세기는 구시대의 왕정과 새로운 시대의 이념의 산물인 공화정이 유럽의 곳곳에서 충돌하는 시기였다. 쿠르베는 혁명의 최전선에 선 인물이었고 비록 말년의 삶이 그 때문에 힘들기는 했지만, 그의 예술과 정신은 이후의 화가들에게 지속적인 영감을 주었다. 니체가 권위와 복종의 신을 인간의 사유에서 지웠다면 쿠르베는 신과 그 대리자 역할을 했던 인물들을 캔버스에서 지웠다. 니체가 삶의 단독자로서의 인간을 실존으로 내세웠다면 쿠르베는 모든 인간의 순간순간을 화면의 중앙에 내세웠다.

새로운 신

쿠르베와 니체가 살던 19세기 이후 벌써 백여 년이 넘는 시간이 흘렀다. 피비린내 나는 신과 인간의 싸움에서는 일단 인간이 승기를 잡은 것으로 보인다. 이제는 신을 믿지 않는다는 이유로 이단으로 몰리지 않고 재판을 받지도 않는다. 주말마다 모두가 교회에 갈 필요도 없다. 교회에 다니는 신자들도 과거처럼 교리를 교조적으로 지키거나 모든 자연 현상에 신의 목적이 깃들여 있다고 생각하지는 않는 것 같다. 니체가 다시 우리가 사는 현재에 나타난다고 가정해보자. 그는 인간이 이룬 이런 승리에 대해 기뻐할까? 인간은 신을 제대로 죽이긴 한 것일까? 그렇게 생각되지 않는다. 우린 금방 또 다른 신을 영접하였기 때문이다. 니체의 신은 21세기의 우리에게는 어떤 모습일까? 우리에게 혼란과 싸움을 가져오는 이는 누구인가? 칼로서 우리를 서로 위협하게 하거나 기적을 팔거나 우리를 분열시키는 이는 누구일까? 어떤 신을 우리는 모시고 있는 것일까? 앞에 적었던 인터뷰에 나선 두 사람은 누구를 모시고 사는 것일까?

인터뷰 1 – 이즘의 신

사전적으로 이데올로기는 "사회 집단에 있어서 사상, 행동, 생활 방법을 근본적으로 제약하고 있는 관념이나 신조의 체계. 역사적·사회적 입장을 반영한 사상과 의식의 체계"이다. 우리는 사회의 복잡다단한 현상을 이데올로기를 통해 어떤 이야기의 구조로 이해한다. 전후가 있고 인과가 있고 과정이 있고 결과가 있고, 그리고 그 이야기에 '가치'가 포함되는 이야기의 구조로 세상의 일을 꿰어맞춘다. 혹은 누군가 그렇게 꿰어놓은 이야기(이데올로기)를 흡수해서 내면화한다. 자유주의자는 자유주의의 틀에서, 사회주의자는 사회주의자의 틀에서, 기독교 주의자는 종교적인 교리의 틀로 세상을 바라보고 해석하는 것이다. 그래서 프랑스의 철학자 알튀세르의 말대로 우리의 사고 활동 전체는 우리가 인지하든, 그렇지 못하든 이데올로기의 하부구조이다. 혹은 좀 더 거칠게 그의 말처럼 '주체는 이데올로기의 신민이다.'라고 말해도 큰 과장은 아닐 것이다. 이론적으로 알튀세르의 이데올로기 구조는 라캉의 상징계 구조와 많이 닮아있다. 실제로 알튀세르와 라캉은 개인적으로 꽤 막역한 사이였으며 사상적으로도 많은 영향을 주고받았다.

거리를 걷다가 폐지를 줍는 할머니를 보면 무슨 생각이 드는가? 돈이 없으면 누구든 어떤 일이라도 해야만 하는 세상(자본주의)의 냉정함을 느낄 수도 있을 것이고, 이런 세상은 바뀌어야 한다고 분노하는 어떤 정의감을 가질 수도 있겠다. 혹은 '젊은 시절 무얼 하고 사셨길래' 하며 '나는 열심히 노력해서 노후에 저런 삶을 살지 말아야지.'라는 다짐을 할 수도 있을 것이다. 그러나, 실제 할머니는 꽤 부자일 수도 있다. 혹은 사회주의를 싫어하는 보수단체의 핵심 멤버일 수도 있고, 젊은 시절 내내 부지런하게 살았지만 보증을 잘못 서거나 다른 실수로 갑자기 가난해진 분일 수도 있다. 우리는 할머니의 본모습을 알지 못한다. 다만 우리가 가진 특정 이념(이데올로기)의 흐름에 따라 파편적으로 할머니를 인식한다. 그래서 과학적인 인식이든 사회적인 인식이든 인간의 인식은 사물의 본모습에서 꽤 동떨어져 있다. 그 이유는 우리의 인식은 이미 존재하는 머리 안의 프레임에 의해 굴절되면서 사물을 파악하기 때문이다.

그런 한계에도 불구하고 이데올로기는 우리가 세상을 파악하는 매우 유용하고 소중한 도구이다. 앞서 이야기한 모든 선판단이나 가정을 멈추고, 즉 본모습이 아닐 수 있는 모든 가정을 없애고 할머니를 바라본다고 상상해보자. (물론 불가능하겠지만.) 눈앞에 걸어가는 할머니만 보일 뿐 특정 의식은 일어나지 않는다. 단편적으로 사물을 파악할 수는 있겠지만, 종합적인 사회의식을 끌어낼 수는 없을 것이다. 하다못해 돌을 보더라도 그것이 쓰임이 있는지 아닌지에 대해 판단한다. 쓰임이 떠오르면 주워다 집에 가져갈 것이고. 그렇게 무언가를 (순수하게, 경험과 무관하게) 본다는 것은 정말 어렵거나 불가능하다. 로봇이 아니라면 아무런 의미가 일어나지 않게 할머니를 인식할 수 없다. 의미가 있으려면 의미망의 '구조'가 미리 있어야 한다. 그리고 인간이 지각하는 행위에서 의미를 불러일으키지 못하는(즉 이데올로기가 없는) 단순한 존재라면 사회를 이렇게 발전시키지 못했을 것이다. 이데올로기는 인간의 독특한 창조물이다. 항상 인간은 정의나 바름에 대해 고민해왔고 올바른 가치를 실현하려고 애써왔다. 그 과정에서 수많은 이념이 생겨나서 어떤 것은 아주 큰 영향력을 행사하기도 했고 어떤 것은 세인들의 동의를 못 얻고 죽은 사상이 되어 사멸해 갔다.

그러나 이데올로기는 얼굴이 두 개이다. 세상을 파악하는 도구로서의 그것이 믿음이나 신념이 되어버려 인간은 서로 증오하고 전쟁을 벌이고 서로 해치기도 한다. 교조가 된 이데올로기는 파시즘과 연결된다. 그렇게 피비린내 나는 수백, 수천 번의 전쟁 후에야 인간은 비로소 공생의 길을 찾아가고 있는 듯하다. 냉전은 끝났지만, 인터뷰에 나오신 할아버지는 냉전의 산물인 반공 이데올로기에서 벗어나지 못한 듯했다. 빨갱이는 아직 이 사회에 실재하며 그들이 우리가 힘들게 쌓아온 노력의 결실을 멋대로 가로채려 하고 있다고 믿고 계시는 듯 보였다. 그는 눈에 보이지 않는 총을 들고 눈에 보이지 않는 적들과 지금도 싸우고 계실 것이다. 전사는 힘들고, 외롭다. 부디 평안을 찾으시길.

인터뷰 2-자본의 신

돈은 현대를 살아가는 우리가 모시는 최고의 신이다. 공산주의의 몰락 후, 이즘이 희미해진 틈을 타고 자본이 어느덧 인류의 새로운 신의 역할을 하고 있다. 이는 누구도 부인할 수 없을 것이다. 인터뷰 속의 청년은 그 신을 모시는 집단의 광신자가 되었다. 생산과정 없이, 물건을 팔기만 하면 이익이 극대화된다는 유통의 혁신을 교리로 하는 종교재단의 충직한 교인이 되었다. 이 종교는 자본이라는 신을 믿고 있다. "돈을 많이 버는 것은 신성한 일이며 부자가 되는 것은 삶의 진실에 가까이 가는 일이며 정직하고 선한 일이며 진실로 아름다운 과정이다."

비단 이 정체불명의 다단계회사 하나에 국한된 일이 아니다. 돈은 이제 교환을 위한 단순한 수단이 아니다. 세상의 모든 가치는 숫자로 계산이 된다. 돈은 어울릴 법한 친구와 그렇지 못한 친구를 구분해주고, 돈은 적절한 결혼상대자와 그렇지 못한 상대자를 정해준다. 돈은 우울한 나를 하늘을 나는 기분으로 바꾸어 줄 수 있고, 돈은 스스로 목숨을 버리게도 한다. 아침에 일어나서 잠들 때까지 인간은 계산하며, 이익과 손해를 따진다. 자식은 그들의 부모가 효도할 가치가 있는 존재인지 아닌지를 계산하고(이런 계산은 꼭 의식적인 층위에서 일어나는 것이 아니다. 대부분은 효이든 불효이든 무의식의 층위에서 결정된다. 의식은 그 이후에 부모를 좋아하거나 싫어할 합당한 이유를 찾아서 합리화에 도움을 준다.) 학생은 선생의 가르침이 돈값을 하는지 못하는지를 계산한다. 돈이 신이 된 사회에서 돈은 인간의 사유와 행동 대부분을 결정해준다. 돈은 중세의 하느님보다 힘이 훨씬 세다.

청년은 그 시스템의 하부구조가 되어버렸다. 돈에 대한 열망으로 그는 이성을 마비시키는 하급 종교인의 꾀임에 저항 없이 빠졌으며 잘못된 믿음으로 돈을 착취당하고 있었다. 그러나 정작 그는 착취당하고 있다고 생각하지 않는다. 그러나 과연 우리는 그를 연민할 수 있을까? '좀 더 넓은 시야로 보는 이'가 있다면 우리 역시 그 '넓은 시야를 가진 이'에게는 인터뷰 속 청년처럼 보이지 않을까? 자본의 노예가 되어 자신을 채찍질하는 가련한 우리를 그 관찰자는 연민의 시선으로 바라보지 않을까? 우리는 니체를 읽으며 스스로에게 질문해 보아야 한다.

니체는 '신의 죽음'을 선언했다. 분명한 것은 우리는 또 다른 신을 찾았다는 것이다. 그리고 그 신의 품에 안겨 안온하게 살고자 한다는 것이다. 우리는 반공을 섬기고, 혁명 세력을 섬기고, 정치인을 섬기고, 돈을 섬긴다. 지금 우리의 신은 누구인가? 우리는 이제 무엇을 '죽여야' 하는가? 우리는 언제 인간 스스로 의지로, 스스로 단련시키며, 스스로 인간의 격과 위엄을 되찾을 수 있을까? 둘러보자. 막막하다. 그러나 둘러보기를 멈추지는 말자. 니체와 쿠르베를 생각하면서.

귀스타브 쿠르베의 다른 그림 엿보기

〈화가의 아틀리에〉

이 그림을 보면 화면 중앙에 화가인 쿠르베가 앉아 있고 그림을 물끄러미 보는 아이가 있다. 아이는 순수한 눈으로 화가가 그린 그림에 몰두하고 있다. 화가 옆의 여인은 순백의 진리를 뜻하는 인물이다. 순수한 아이와 순백의 여인이 화가의 그림 바로 옆에 서서 작업에 몰두하는 화가와 함께 그림을 바라보고 있다. 이 세 사람을 중심으로 좌우에 군상들이 모여있다. 오른쪽에는 알프레드 브뤼야스라는 이 그림의 후원자와 철학자 프루동, 예술비평가 샹플뢰리, 그리고 뮤즈이자 조언자였던 아폴로니 사파티에 부부와 시인 보들레르가 그려져 있다. 문학과 예술의 보호자들과 예술가에게 우호적인 인물들이다. 이들은 화가의 작업을 진지한 표정으로 응시하며 지켜본다. 왼쪽에는 그의 고향 오르낭에 살고 있는 서민들이다. 아이에 젖을 먹이고 있는 젊은 여인, 사냥꾼, 성직자, 고리대금업자 등이 왼편에 그려져 있다. 이들은 화가의 그림에 관심이 없고, 산만한 시선으로 흩어져 있다. 예술과 동떨어진 삶을 살아가는 사람들을 그림의 왼편에 그려놓은 것으로 보이는데 그 중 화가와 가까운 곳에 앉은 자세로 개를 데리고 있는 인물은 나폴레옹 3세라고 알려졌다. 보수적이고 예술을 모르는 황제 때문에 자신의 그림이 박람회에 전시되지 못했다는 생각에 화가 난 쿠르베가 황제를 그림의 왼편 동네 사람들의 무리에 같이 그려 넣었다.

여기서 화가는 좌우로 나뉜 군상들을 통제하고, 조정하는 핵심 인물로 그려져 있다. 중심의 자리는 사회에서 예술가의 자리로 해석될 수 있고, 그 시대의 예술계에서 쿠르베 자신이 차지하고 있는 자리를 표현한 것으로도 해석될 수 있다. 그는 그 시대의 황제와 보수적인 예술계를 비웃으며 자신을 세상과 예술의 중심에 있는 인물로 묘사했다. 그의 그림이 살롱전에 전시되지 못하고 퇴짜를 맞자, 자비를 들여 살롱전이 열리는 전시장 근처의 공간을 빌려 '사실주의'라는 간판을 걸고 본인의 전시회를 열었다. 그때 이 그림이 전시되었고, 그 전시가 사실주의 미술의 시작이었으니 우리는 쿠르베가 얼마나 거칠 것 없는 성격의 예술가였는지 알 수 있다. 그는 보수적이고 판에 박힌 고전주의와 아카데미즘을 신랄하게 비판했고, 또한 프랑스혁명의 기운이 퇴조하며 사회가 다시 보수화되는 시기에 고전주의에 대한 반동으로 유행했던 낭만주의와도 선을 그었다. 흰 개 옆에 아무렇게나 던져진 낭만주의의 아이콘인 깃털 모자와 악기를 보라. 쿠르베는 연약한 낭만주의를 그렇게 비웃고 있다.

이 작품은 쿠르베의 거의 모든 것을 보여주는 그림이다. 〈안녕하세요. 쿠르베 씨〉에서 그림을 의뢰한 후원자 앞에서 꼿꼿한 자세로 인사를 받는 화가의 자신감을 보여주었다면, 이 그림에서 쿠르베는 의뢰인뿐만 아니라 고전주의와 낭만주의라는 그 시대의 커다란 두 미술사조, 자신이 몸담은 사회, 크게는 세상 전체를 비웃으며 새로운 세상을 창조하는 존재로 자신을 그리고 있다. 그는 친구에게 보내는 편지에서 이 그림에 대해 이렇게 적었다. "이 작품은 내 아틀리에의 정신적이고, 물질적인 내용 모두를 다루고 있다. 이 속에 내 생각을 지지하는 사람들과 현실에 사는 사람들을 섞어 놓았으며, 내 욕망과 열정이 혼재돼 있고 그것을 회화로 재현해 놓아서 우리가 눈으로 보이는 것과 보이지 않는 것, 그 모두에 대한 끊임없는 의문을 제시하려 했다"

혁명과 반동이 뒤섞여 있던 시절, 예술가는 그의 고집을 꺾지 않았다. 비록 그 고집 때문에 말년이 평탄치 않았지만, 그는 크게 개의치 않았던 것 같다. 사실주의의 모토가 된 말이지만 천사를 그려달라는 말에 "그럼 천사를 보여다오."라고 말했다는 일화는 유명하다. 그가 파리코뮌 때 부순 나폴레옹 기념탑은 혁명 정신이 퇴조한 제국주의 왕조의 기념품이라는 것이 그의 생각이었다. 그는 천사도 황제도 인정하지 않았다. 신의 자리에 서서 새로운 신 행세를 하는 모든 것을 인정하지 않았다. 인간이 인간답게 살아가는 구체적 인간의 삶을 왜곡하는 모든 것은 쿠르베에게는 적이었다. 그렇다면 쿠르베라는 텍스트는 지금 우리에게 어떤 의미를 주는 것일까? 그는 우리에게 무슨 이야기를 들려줄까? 화폐의 출발은 우리의 생활을 편리하게 해 주는 수단이었다. 화폐 덕분에 물물교환을 위해 직접 소를 끌고 장터에 나가서 컴퓨터 업자를 만나 교환하지 않아도 된다. 그러나 돈은 이제 인간의 기본적인 가치를 결정하는 신과 같은 존재가 되었다. 배우자와 친구로 적합한 이를 결정하고, 선한 인격을 주고, 존경의 대상이 되게 해 준다. 우리는 정치인도 평가하지 않고 신처럼 모신다. 정치활동이란 것의 정의는 정치인 혹은 정당이 어떤 정책을 써서 삶의 질을 좋게 하는지에 대한 감시가 아니라 내가 지지하는 정치인의 말을 믿고 그를 음해하는 적의 세력들을 무찌르는 것이다. 지금 신의 행세를 하며 우리의 삶을 왜곡하는 것은 무엇이고, 우리는 어떻게 해야 인간다운 삶을 회복할 수 있을 것인가에 대해 다시금 생각이 깊어진다.

우리는 어디서 왔는가?
우리는 무엇인가?
우리는 어디로 가는가?

폴 고갱

영원회귀라는 화두가 주는 무게

폴 고갱(1848~1903)

고갱은 35세의 늦은 나이에 화가로 데뷔했다. 증권사에 근무하다 헌신적이었던 아내와 자식까지 버리고(?) 금융인과는 전혀 어울리지 않을 것 같은 화가의 길을 걷기 시작한 그의 독특한 이력은 서머셋 모옴의 소설『달과 6펜스』의 소재가 되기도 했다. 고흐와 함께 후기인상파의 대표적인 화가로 알려진 고갱의 이 그림의 제목은 〈Where Do We Come From? What Are We? Where are We Going?〉이다. 번역하면 이런 말이다. '우리는 어디서 왔는가? 우리는 무엇인가? 우리는 어디로 가는가?' 제목만 읽어도 금방 명치끝 부근 어딘가가 지르르 아려온다. (물론 진지한 것 질색이라며 금방 머리가 아파지며 생각이 다른 곳으로 향하는 분들이 계실 것이다. 그러나 나는 자신한다. 당신이 사랑하는 사람을 잃거나, 재산을 사기당하거나, 불의의 사고로 몸을 다치거나, 혹은 죽음이 임박한 상황이 되면 이 질문은 당신에게 너무나 진지하게 다가올 것이다.) 이 세 가지 질문에 우리는 어떻게 대답할까? 우선 이렇게 대답할 수 있다. "우리는 신에게서 왔고, 우리는 신의 자식이며, 우리는 신을 향해 가고 있습니다." 아니면 그냥 "나는 내가 어디서 온 것인지 알지 못하며, 내가 누구인지도 말할 수 없으며, 나의 삶이 어디로 향하는지 알 수 없습니다. 그러니까 잘 모르겠어요."라고 대답할 수도 있을 것 같다.

고갱이 이 그림을 그린 1897년은 그에게 힘든 해였다. 발목 통증이 심해졌고, 매독에 걸렸고, 파리에서의 방탕한 생활로 인해 수중에 돈은 떨어지고, 간이 거의 망가졌고, 무엇보다도 둘째 딸의 죽음을 전해 듣게 된다. 죽은 딸은 유난히 총명해서 고갱이 특히 아끼던 아이였다. 삶의 의지를 거의 잃어버린 채 작은 오두막에 칩거하던 생의 마지막 시기에 그는 이 그림을 완성했다. 그림은 맨 오른쪽에 아기가 있고 중간에는 청년, 왼쪽에는 노인을 그려 인간의 일생을 표현했다. 왼쪽으로 갈수록 푸르른 배경은 칙칙한 갈색으로 바뀌고, 해맑은 아이나 활기차게 과일을 따는 청년의 모습과 달리 왼쪽의 노인은 근심과 고통에 힘들어하며 손바닥으로 머리를 쥐고 있다. 노인의 형상은 아마 그 시기 자신의 처지를 그대로 그린 것 같다. 푸른 신상(神像)은 팔을 좌우로 벌려 두 공간을 구분하면서도 연결하고 있다. 마치 인생의 처음과 끝이 구분되며, 또 연결되어 있다는 듯이.

나는 무엇인가? 나는 무엇을 하고 있나?

수년 전 그녀가 처음 병원을 찾았을 때가 생각난다. 얼굴에 환한 미소를 띠고 진료실로 들어서서 이야기를 나누다 채 오 분도 지나지 않아 그녀의 표정은 심각해졌다. "선생님. 저 좀 다르게 살고 싶어요. 선생님이 하라고 하는 시술은 뭐든지 할게요. 변화를 주고 싶어요. 보톡스든, 필러든, 뭐든 하게 해주세요. 날씬하고 예빠지고 싶어요. 다른 사람으로 새로 태어나서 새롭게 살고 싶어요." 이렇게 말하는 환자들은 사연이 있다. 가족에게 배신당했거나, 혹은 그녀가 이제껏 살아온 삶의 열매가 송두리째 사라졌거나. 예감은 틀리지 않는다. 그녀는 결혼생활에 충실하게 살아왔다. 남편의 많지 않은 월급으로 아이 둘을 건강하게 잘 키웠다. 집과 친정, 시댁, 시장이 생활 반경의 거의 전부였다. 남들이 해마다 가는 해외여행도 가지 않았다. 아는 사람도 남편 친구들과 그 아내들, 그리고 학부모 모임에서 알게 된 엄마들 몇몇이 전부라고 했다. 그러던 어느 날, 남편이 다른 여자와 살림을 차린 지 오 년이 넘었다는 사실을 알게 되었다. 그녀는 회사에서 같이 일하는 동료였다.

- 반년을 울기만 하고 아무것도 할 생각이 들지 않았어요. 그러다가 잘못을 내가 한 것도 아닌데 왜 이러고 청승인가 싶어 집을 나왔어요. 챙길 수 있는 것 다 챙겨왔어요. 난 다른 사람이 되고 싶어요. 바보처럼 살아온 시간이 후회돼요.
- 그럼 옷도 좀 많이 사시고 머리도 하세요. 얼굴에는 보톡스, 필러랑 하안검 수술 정도 하시고 지방흡입도 받으시면 좋을 것 같아요. 시술은 그 정도면 될 것 같은데요.

– 그러면 다른 사람이 될 수 있겠죠?

– 외모는 그렇죠. 그런데 마음속이 바뀌어야죠.

– 이제는 제가 뭘 하고 살아야 할지 알 것 같아요. 생각해보니 남편보다 제 잘못이 더 컸더라고요. 난 왜 시간을 그렇게 보내고 살았을까요?

그리고 그녀는 도배일을 배워 도배사가 되었다. 스스로 체력은 타고났다고 했다. 조금은 힘든 수술과 시술도 잘 견뎌내었다. 외모를 가꾸고 나니 내면도 즐거워지는 것 같았다고 했다. 점차 친구들이 많아졌고 골프도 잘 친다고 했고 남자친구도 생겼다고 자랑했다. 부럽다는 생각이 들 정도로 자유롭고 즐거워 보였다. 그녀는 요즈음의 삶에 만족하고 있으며, 다시 태어나도 결혼은 하지 않고 독립적으로 살고 싶다고 했다. 마음속으로 그녀의 삶의 시계를 거꾸로 돌려 그녀의 삶을 시뮬레이션 해보았다. 젊은 나이에 결혼해서 신랑이 사는 도시로 이사를 오고 아이를 낳고 우유와 이유식을 먹이고 매일같이 방을 쓸고 닦고 빨래를 하고 반찬을 만들고 밥을 먹이고 유치원 가방을 싸고 준비물을 챙기고 남편 옷을 빨고 국을 끓이고 아이들을 학교에 보내고 옷을 입히고 잔소리를 하고 아이들 때문에 속을 썩고 월급을 아껴 적금을 들고 이사를 준비하고 불어난 통장에 뿌듯해하고 낡은 옷을 대충 입고 다니고 미장원 갈 돈을 아까워하고 생선 가격을 실랑이하고 과일

값을 깎고 하던, 십 년이 넘게 그녀가 보냈을 법한 매일매일의 일상을 생각해보았다. 그 긴 시간은 그녀에게 어떤 의미였을까? 도배사로 혼자의 삶을 사는 지금의 시간은 그녀에게 어떤 의미일까?

나는 무엇을 해야 하나?

니체라면 그 질문에 대답해 줄 수 있을 것 같다. "지금 이 순간을 너의 삶이 영원히 반복된다는 사실을 받아들이듯 살아라." 이 말이 무슨 말일까? 니체는 윤회를 믿는 윤회론자인가? 비슷하지만 아니다. 석가모니가 살라라고 하는 마을에 도착하였을 때 한 브라만이 석가모니에게 묻는다. "위대한 성자시여, 왜 어떤 존재는 죽어 육체가 소멸한 후, 나쁜 운명으로 비참한 상태에서 다시 태어나는 것입니까?" 석가모니는 그가 살아생전에 생명을 해하고 자비가 없었음을 지적한다. "어떤 남성이나 여성이 살아있는 생명을 죽였고 살인을 하고 손에 피를 묻히고, 폭력을 행하고, 살아있는 생명에 무자비하였다. 이런 행위를 하였기에 죽은 후 그는 나쁜 운명으로, 지옥과 같은 낮은 세계에서 비참한 상태로 태어난다. 그러나 대신에 사람으로 태어난다면 그의 수명은 짧게 된다." 이것이 불가에서 강조하는 윤회론이다.

카르마(karma)란 불교에서 중생이 몸과 입과 뜻으로 짓는 선악의 소행을 말하며, 혹은 전생의 소행으로 말미암아 현세에 받는 응보를 가리킨다. 불교의 윤회관 역시 이 카르마의 원리에 따라 펼쳐져 있다. 그래서 다음 세상에 잘 태어나려면 현생에 부처님의 가르침을 공경하고 따라야 한다는 '의무론적인 윤리관'에 근거해 있다. 즉 불교의 윤회론에 의거하여 '나는 지금 무엇을 해야 하나?'라고 누가 묻는다면 '부처님의 가르침에 맞게 살면 된다.'라고 대답하면 된다. 그렇다면 니체의 영원회귀는 이러한 윤회론과 어떻게 다를까?

윤회론이 다음 생에 방점이 찍혀 있다면 영원회귀는 현생의 삶에 방점이 찍혀 있다.

윤회론이 부처의(외부의) 윤리를 받아들인다면 영원회귀는 스스로 윤리를 창조한다.

윤회론이 현생 다음에 도래할 삶을 결정한다면 영원회귀는 단절 없이 영원하게 이어지는 앞으로의 삶 전부를 결정한다.

> **어느 낮이나 어느 밤에 한 악마가 가장 고독한 고독감에 잠겨있는 네게 살며시 다가와 다음처럼 말한다면 너는 어떻게 하겠는가? '네가 지금 살고 있고 과거에 살았던 이 삶을 너는 다시 한번 그리고 셀 수 없이 여러 번 살아야만 한다. 거기에는 아무것도 새로운 것이 없을 것이다.' 저 사유가 너를 엄습**

한다면, 그것은 현재 있는 너를 변화시킬 것이며 그리고 아마도 분쇄해버릴 것이다. 그리고 모든 일 하나하나에 대해 던져지는 '너는 이것이 다시 한번 그리고 수없이 계속 반복되기를 원하는가?'라는 물음은 너의 행위에 최대의 무게로 놓일 것이다.

니체의 이 글귀를 생각해보자. 나의 삶은 영원히 반복된다. 내가 지금 하는 선택은 다음, 다음, 또 다음의 생에서도 계속 반복된다. 물론 다음 생이 십만 년 후가 될지, 백만 년 후가 될지는 모른다. 아주 먼 미래에 나는 지금과 똑같은 상황에 처해서 지금과 똑같은 선택을 하게 된다. 자 그렇다면 너는 '지금' 어떤 삶을 선택할 것이며 너는 '지금' 무엇을 할 것인가? 이 질문을 스스로 해본다. 나의 지금의 삶이 앞으로도 영원히 반복된다면 나는 25년 전 나의 아내와 결혼을 했을까? 34년 전 의과대학에 원서를 넣었을까? 개원 이후 17년간 휴가를 제외하고 하루도 빠짐없이 병원 문을 열고 매일 환자를 보았을까? 봉직의냐 개원의냐를 고민하던 그때 개원을 선택했을까? 그 선택은 미래에 무수히 반복되는 삶에 대한 지금의 선택인데. 니체는 이렇게 실존의 선택에 대한 문제를 무겁게 우리에게 내어 주었다. 니체의 말이 정말일까? 진짜 그렇다면 어떻게 하지? 이런 고민은 하지 않아도 된다. 니체의 글귀에 쓰인 그대로 영원회귀는 허무주의의 극복을 위해 단지 진리로서 '믿어지면' 충분하다.

시간

시간은, 우리를 감싸고 있다. 시간과 더불어 우리는 무엇인가를 생성하거나 혹은 스스로 과거와는 다른 누군가가 된다. 우리는 어떤 한순간도 박제된 곰처럼 변화 없이 존재하지 않는다. 아니다. 엄밀히 말하자면 박제된 곰도 느리기는 하지만 끊임없이 분자의 운동이 일어나고 그 운동과 함께 성분이 계속 변한다. 천 년쯤 후에는 가루가 되어있을 것이다. 계속 변한다는 것은 어떤 존재이든 시간과 더불어 과거와는 다른 무언가로 끊임없이 새롭게 생성된다는 것이다. 그러므로 존재는 지속적으로 생성된다. 아니, '생성된다'라고 말하기보다는 모든 존재의 본질이 생성이라고 이야기하자. 존재를 한마디로 정의 내린다면 변화와 생성이다. 존재의 본질은 플라톤의 말처럼 이데아의 모사품도 아니고, 아리스토텔레스의 말처럼 특별한 목적을 위해 존재하는 것도 아니다. 기독교의 교리처럼 신에 의해 창조되지도 않았고, 데카르트의 말처럼 사유하기 때문에 존재한다고 말할 수 있는 것도 아니다. 영국 경험주의 철학자인 버클리 주교의 말처럼 눈에 보이지 않으면 사라져 버리는 존재도 아니며 헤겔의 말처럼 절대정신의 일부분이 물화(物化)된 것도 아니다.

근대까지의 철학은 존재를 고정된 것으로 파악하며 존재의 어떤 변하지 않는 측면을 강조하며 정의했다. 그러나 세상 만물은 한순간도 고정되어 있지 않다. 우리 몸의 세포 속에는 지금도 세상의 탄생과 몰락에 버금가는 변화들이 일어나고 있으며, 이 책을 읽고 있는 중에도 나의 사고는 책에서 읽은 내용과의 상호작용으로 인해 계속 변화하고 있다. 생성은 존재의 한 특징이나 속성이 아닌 본질이라 할 수 있다. 니체의 영원회귀는 단순한 권선징악이나 인과론에 의한 결과를 강조하는 이야기가 아니다. 생의 순간들에서 마주치는 굵직한 문제들을 마주했을 때 우리 의지의 방향을 어디로 가져가야 할 것인가에 대한 질문이자, 순전한 나의 단독의지로 생성과 변화의 방향을 어디로 이끌어야 할 것인가에 대한 커다란 물음이다.

고갱과 그녀

고갱은 30대 중반의 나이에 가정을 버리고(아무나 따라 하지 말 것!) 화가의 길로 들어섰다. 그는 살아있을 때 큰 재산을 이루지도, 세계적인 명성을 얻지도 못했다. 다행히 그림을 판 돈으로 물감과 캔버스를 사거나 술을 마시거나 유흥으로 쓸 정도가 되었을 뿐이다. 1897년 〈우리는 어디서 왔는가? 우리는 무엇인가? 우리는 어디로 가는가?〉를 그릴 즈음은 그의 삶이 극도로 피폐해졌을 시기였다. "당신에게 말하지 않으면 안 되겠는데, 나는 그해 12월에 죽으려고 했습니다. 죽기 전, 오래전부터 생각한 대작을 그린 것입니다. 이 그림은 그간 그린 어떤 그림보다 뛰어납니다. 앞으로 이보다 더 훌륭한 작품, 아니, 이 정도의 작품도 다시는 그릴 수 없을 것을 확신합니다. 내 모든 에너지를 이 작품에 쏟아부었습니다." 고갱은 친구에게 보낸 편지에서 이 그림에 대해 이렇게 말했다. 그 당시의 그를 상상해본다. 그는 화가로서 살았던 자신의 삶을 후회했을까? 아니면 그 고통의 삶마저도 긍정하고 받아들임으로써 마음의 평안을 얻을 수 있었을까? 편지의 내용으로 미루어 보아 그는 비록 고통의 시간을 보내고 있었지만, 자신의 작품에 대한 자부심은 여전히 대단했음을 알 수 있다. 그는 안정된 회사원에서 화가로 삶을 바꾼 선택을 후회하지도 않았고, 예술가의 자긍심을 잃지도 않은 것으로 보인다.

그녀는 도배사 일을 열심히 하며 삶을 온전히 즐기는 것 같다. 남자친구도 몇 명 사귀었다고 했고, 그들과 있었던 일들을 재미있게 들려주기도 했다. 친구들과 여행도 가고 운동도 시작했는데 운동을 마친 후 젊은 친구들과 함께하는 가벼운 술자리나 커피도 즐겁다고 했다. 전남편은 전혀, 그녀의 표현에 의하면 손톱만큼도 보고 싶지 않다고 한다. 고갱과는 다르게 그녀는 변화의 동기를 스스로 내부에서 찾은 것은 아니다. 비록 남편의 배신이라는 외부적인 문제로 시작되기는 했지만, 그녀는 삶을 통째로 뒤집는 변화를 겪었고 그것을 위해 자신을 능동적으로 변화시켰다.

– 지금 생각하면 전남편이 정말 고마워요. 첫째는 내가 아내이자 엄마로 사는 삶을 살게 도와줬었고 둘째는 지금의 온전한 나의 삶을 살 수 있게 도와주었죠.

– 이해해요. 그런데 혼자 계시면 외롭지는 않으세요?

– 아마 결혼생활을 하지 않고 원래 혼자였다면 외로웠을 거예요. 성격도 외로움을 많이 타는 편이고. 전혀 외롭지 않다면 거짓말이겠지만 지금의 외로움은 견딜만해요. 오히려 그 지옥 같은 시간을 보내고 나니 혼자 있는 시간이 더 감사하게 느껴져요.

– 애들은 보고 싶지 않으세요?

– 물론 많이 보고 싶고 그리워요. 한 달에 한 번은 애들이랑 주말을 같이 보내요. 다행히 시부모님들이 애들을 잘 봐주셔서. 다 가질 수는 없다고 생각해요.

살면서 마주치는 선택과 그에 따르는 판단은 내가 살아가는 세계를 바꾼다. 누군가 어떤 선택을 한다면, 그는 다시는 선택 이전의 세계로 돌아갈 수 없다. 선택은 나를 긍정적으로만 바꾸지는 않는다. 무언가를 얻으려 선택을 하면 다른 무언가를 잃어야 한다. 그 얻고 잃음의 가중치를 고려해 우리는 어떤 판단을 하는 것이다. 그 판단의 순간 나는 생각한다. 내가 하는 이 결정은 지금의 나의 삶을 바꿀뿐더러 미래의 나, 또 훨씬 더 먼 미래의 내가 또 마주칠 문제이고, 그때도 나는 지금과 같은 판단을 할 것이다. 고갱도 그녀도 영원회귀에 걸맞은 선택을 한 것이리라. 그들은 다시 그 시절로 돌아가도, 다시 그 판단의 시기가 도래해도 같은 선택을 하리라. 니체를 생각하며 나의 이십 대와 삼십 대를 떠올린다. 그리고 당연히도 내게 가장 소중한 '지금'이라는 순간을 생각한다.

폴 고갱의 다른 그림 엿보기

〈설교 후의 환상〉(1888)

이 그림은 고갱이 고흐의 작업실로 들어가기 전에 그린 그림이다. 야곱이 천사와 씨름을 하고 있다. 야곱이라는 이름의 뜻은 '발목 잡은 자'라고 한다. 누군가의 발목을 잡다니. 어째 좋은 어감은 아닌데, 태중에 야곱이 쌍둥이 형 에서의 발목을 잡아서 그렇게 불렸다고 한다. (그때에도 산부인과 초음파가?) 이름 탓인지는 모르지만, 그는 형 에서를 속여 장자의 특권과 부친 이삭의 축복을 가로챘다. 성경도 승리한 자의 편인지, 그의 행위를 전적으로 택한 백성의 미래를 주도하고 계신 하나님의 주권적인 결정'에 따른 것이라 설명한다. 어쨌든 이후 이어진 도피 생활로 20년이라는 시간이 흐른 뒤 야곱은 고향으로 돌아가라는 하나님의 명령을 받고 가나안으로 귀향한다. 그는 형 에서와 그의 400명의 정예부대와 마주칠 일이 두려웠다. 그래서 형한테 용서를 비는 뜻으로 뇌물도 주었고, 한쪽이 절멸되더라도 반은 살릴 수 있게 자신의 부족을 반으로 쪼개기도 했다.

자신의 아내와 식구들은 먼저 배를 태워 따로 출발시켰다. 그리고 혼자 내일 어떻게 대처할 것인지를 고민하던 중 뜬금없이 천사가 등장한다. 게다가 이 천사는 그냥 천사가 아니라 야훼이다. 둘은 씨름을 한다. 결과는 야곱의 승리. 그러나 하느님은 자신이 이길 수 없다는 사실을 알고 야곱의 엉덩이를 차서 탈구시켰다. 뼈가 빠진 야곱은 뒤뚱거리며 하나님의 항복과 축복을 같이 받은 채 갈 길을 간다. 그렇게 그는 이스라엘의 위대한 지도자가 된다. 창세기의 구절을 보자.

26 그때 그 사람이 말하였다. "날이 새는데 나를 가게 하라." "당신이 나에게 축복하지 않으면 내가 당신을 놓아주지 않겠습니다."

27 "네 이름이 무엇이냐?" "야곱입니다."

28 "네가 하나님과 겨루고 사람과 겨루어 이겼으므로 다시는 네 이름을 야곱이라 하지 않고 '하나님과 겨룬다'는 뜻 '이스라엘'이라 부를 것이다."

29 "당신의 이름을 나에게 말해 주십시오." 그러자 그 사람은 "네가 어째서 내 이름을 묻냐?" 하며 거기서 야곱에게 축복하였다.

30 그래서 야곱은 "내가 하나님과 대면하고서도 죽지 않고 살아남았다" 하며 그곳 이름을 '하나님의 얼굴'이라는 뜻인 '브니엘'이라 하였다.

31 그가 브니엘을 떠날 때 해가 돋았는데 그는 엉덩이뼈가 위골되었기 때문에 절뚝거렸다.

32 그 사람이 야곱의 엉덩이 힘줄을 쳤으므로 이스라엘 사람들은 오늘날까지도 엉덩이뼈에 붙어 있는 큰 힘줄을 먹지

않는다. 「창세기」 32장

상징주의 - 관념을 그리다.

아마 작은 마을에서 이 구절에 대한 설교가 있었을 것이고 고갱은 그 설교를 듣는 시골 아낙들의 진지한 표정과 신을 경외하는 마음을 읽었으리라. 고갱은 고흐에게 보내는 편지에서 "이 인물들에서 나는 소박하면서도 미신적인 단순성을 찾았네. 완벽한 순수함이 깃들어 있네."라고 했다. 이 그림의 배경인 브르타뉴 지방은 프랑스 외곽, 우리말로 하면 시골인데 당시 종교적으로 매우 보수적인 지역이었다고 한다. 브르타뉴 여인들은 실제로 이 장면이 눈앞에 펼쳐져 있는 것처럼 감동했고 예술가인 고갱은 그 광경을 화폭에 담아내었다. 그림은 중간을 가로지르는 나뭇가지를 경계로 실재하는 세계와 가상의 세계로 나누어져 있다. 고갱의 편지를 계속 읽어보자. "인물에 있어서는 투박하고 맹신적인 느낌을 살리면서 매우 단순하게 표현했네. 전체적으로는 매우 간결해 보이는 느낌이야. 이 그림에서 야곱과 천사의 씨름 장면 뒤로 보이는 풍경은 설교가 끝난 후 기도하는 사람들의 상상 속에서만 존재하지. 그래서 앞의 사람들은 실물 크기로 표현했고, 배경의 씨름 장면은 비율도 맞지 않게 현실과 다른 상태로 표현해 이 둘을 대비시킨 것이라네."

고갱은 화폭에 관념 속의 내용을 현실의 모습과 함께 그려 넣었다. 그의 말대로 그의 그림은 너무나 간결하게 그려져 당시에는 아무 주목을 받지 못했다. 그러나 수년 후 상징주의가 본격적으로 태동할 무렵 상징주의 멤버들 사이에서 이 그림은 대단한 찬사를 받는다. 조금 더 현대에 가까운 화가가 그렸다면 저 중간의 나뭇가지는 그리지 않았을 것이다. 현대인의 삶에는 실재와 가상의 구분이 뚜렷하지 않고 섞여 있다. 오히려 무엇무엇이 실재라고 내세우는 주장 자체가 억지스럽게 느껴질 정도이다.

가상의 삶을 살아가는 우리

추상미술의 선구자인 파울 클레(1879~1940)는 예술을 정의하면서 '비가시적인 것을 가시화하는 것'이라고 했다. 즉 예술은 이제 더 이상 눈에 보이는 형태를 캔버스에 옮기는 것이 아니라는 이야기이다. 관념을 표현하던 상징주의는 현대에 이르러 아예 현실 속 사물의 형태를 없애버리는 쪽으로 진화한다. 현대인에게 실재는 중요하지 않다. 현대의 삶은 가상 속에 존재한다.

스마트폰에서 알람이 울리면 잠에서 깨어 출근 준비를 한다. 출근길에 스마트폰으로 뉴스를 뒤적거린다. 신문사별로 사건 사고나 이슈를 편집자의 의도에 맞게 굴절시킨 기사를 본다. 버리거나, 혹은 나의 것으로 채택해서 내면화시킨다. 정치인의 발언들도 이미 친절하게 해석과 틀을 거쳐서 가공되어 있다. 굳이 힘들게 내가 맥락을 찾을 이유도 없다. 이미 특정 정파를 대변하는 미디어 권력은 방향을 정해놓았고 나는 내 편의 입장에서 쓴 글을 찾아 읽기만 하면 된다. 불과 십여 분 안에 어제 하루 있었던 정치와 사회는 정리가 끝난다. 출근해서 컴퓨터 앞에 앉아 업무를 보고 잠시 쉬는 시간이나 점심시간에는 아침에 보았던 기사를 동료와 "내 생각에는 말이야~" 하며 이야기하면서 유대감을 형성하고 무리를 형성한다. 일이 끝나면 월급통장에 모인 돈으로 광고에 성공한 남자가 타고 다녔던 세단을 고르러 가거나 시청률 대박인 드라마에 나왔던 멋진 여주인공의 직업을 가진 여성을 소개받는다. 그 차를 사고 그 여자와 결혼에 성공한다면 나는 더욱 훌륭하고 뛰어난 존재로 변할 것이다. 시간이 날 때는 페이스북에 들어가서 쉬는 시간에 잠시 여유를 가지는 모습을 올리거나 점심때 갔던 맛집의 식탁 사진을 올린다. 좋아요와 댓글을 많이 달아주는 친구들에게는 확실히 호감이 간다. 우정은 이렇게 생겨나는 것이지! 혹은 해산물이나 파스타에 곁들여 와인을 마시는 SNS의 화면에 감동해 와인동호회에 가입한다. 오프 모임은 와인을 마시던 화면 속 장면을 최대한 비슷하게 재현해야 격식이 있다고 생각한다. 참가자 모두 "치얼스" 환호를 지르며 이미지 속 주인공은 바로 '나'라고 생각한다.

관념은 현실의 아버지이고, 현실은 관념의 복제이다. 실재와 가상의 경계는 허물어졌고 해체되었다. 비트겐슈타인은 "말할 수 없는 것에 대해서는 침묵하라."고 했다. 그래서 "실재하는 것은 하는 것이고, 아닌 것은 아닌 것이고."라고 할 수 있는 것들이 점차 사라져간다. 그냥 꿈인 듯 살다 죽는 것이 현대인의 운명일까? '몽(夢)'하게 살다가 죽는 것이?

〈황색 그리스도〉(1889)

이 그림을 그릴 무렵의 고갱은 평론가들로부터 연이어 나쁜 비평을 받았고, 만국 박람회에 그림의 출품을 거부당했었다. 증권거래소 직원으로 오랜 시간 일하다가 화가가 된 고갱은 자본의 꽃이라는 금융업에서 느꼈던 인간성의 황폐화에 신물이 났었는지 그의 그림을 순수함으로 충만한 인간의 원형으로 채우려 했다. 그러한 첫걸음이 닿은 곳이 프랑스 외곽의 브르타뉴 지방이었다. 그리고 1891년에는 문명의 이기가 스며들지 않은 남태평양의 타히티로 다음 행선지를 정한다.

이 그림의 배경은 브르타뉴이다. 여인들이 예수님 아래에서 다소곳이 손을 모으고 그를 경배하고 있다. 그리고 화면을 가로지르는 담을 경계로 담 너머의 다른 마을이 보인다. 고갱은 이 지역을 신성하게 묘사하고 있다. 그런데 선원으로 보이는 사내 하나가 다른 두 여인을 만나려 담을 넘고 있다. 아마 신을 섬기기 싫어 도망가거나 여인들과의 욕정에 대한 기대로 담을 넘고 있는지도 모르겠다. 예수의 표정은 묘하다. 만족감에 편안한 얼굴 같기도 하고 혹은 좀 우울한 느낌의 표정 같기도 하다. 어쨌든 십자가와 여인의 앞치마에 그려 넣은 붉은색이 담 너머의 마을의 나무에 모두 그려진 것으로 봐서는 예수님의 사랑이 담을 구분하지 않고 골고루 퍼져 있는 것 같다.

혹시 신자분들은 거부감을 가질지도 모르겠지만 나는 신은 인간이 요청하면 나타난다고 믿는다. 인간은 기본으로 욕망의 존재이다. 욕망은 여러 형태로 나타나서 긍정적인 큰 흐름을 만들어내기도 하고 부정적인 흐름은 도덕이나 윤리의 제방에 의해 가로막히기도 한다. 그리고 그 흐름은 간혹 다른 이를 해치거나 지배하려는 욕망으로 나타나기도 한다. 신은 그런 불완전한 인간을 보충해 줄 수 있는 유일한 존재이다. 그런 이유로 나는 신을 믿는다. 그러나 전지전능한 신을 설정해두고 신의 목소리를 도용하여 인간의 긍정적인 욕망을 가로막거나 다양한 욕망의 흐름을 단일성으로 포획하려는 시도에는 반대한다. 직접적으로 신을 지칭하지 않지만 그러한 포획은 국가, 학교, 군대, 회사, 교회를 기반으로 이루어진다. 기관들은 애국, 정의, 충성, 매출, 믿음 등을 지고지순한 가치가 있는 것으로 가르친다. 국가는 신의 위치에, 기관들은 성당과 교회의 역할을 담당한다. 그렇게 국민은 신민이 된다. 어릴 적 오후 다섯 시가 되면 길을 가던 모든 국민은 갑자기 멈춰서 가슴에 오른손을 얹고 애국가를 들어야 했다. 그리고 짧은 순간이나마 국가에 충성을 맹세했다. 그 순간 나는 주권을 가진 국민이 아니라 국가의 신하였다. 국가에 대한 경배는 영화관에서, 학교에서, 길거리에서, 회의실에서, 운동장에서, 군대에서 무차별적으로 강요되었다. 시스템에 대한 비판은 불경스러운 어떤 것이었다. 단일한 대오로 한 목소리를 강요하던 시절이었다. 근대라고 하지만 국가를 신으로 모시는 중세와 다름없었다. 우리 사회에서는 유독 중세적 근대의 그늘이 넓고도 짙다.

어쨌든 고갱은 절대자인 신을 그린 것이 아니라, 이 자그맣고 나지막한 마을에 신을 직접 호출했다. 고갱이 그린 신은 2000년 전의 골고다 언덕에서 인간의 죄를 짊어지고 돌아가신 그분이 아닌 그가 서 있던 순수한 브르타뉴로 불러낸 예수님이었다. 그 동네의 신을 신실하게 믿는 여인들의 모습에서 감화를 받았을 것 같고, 동네 남자들이 술 마시고 추태를 부리는 광경도 보았을 것이다. 그러나 그는 이 모든 현상에 신의 사랑이 깃들어져 있음을, 직접 그리스도의 모습을 그림으로써 표현했다. 당시 그에게 닥친 현실적인 괴로움이 있었지만, 그는 팍팍한 현실 속에서도 믿음을 잃지 않고 살아가는 여인들을 보며 위안을 얻었고, 그곳에서 신의 사랑을 확인한 것 같다. 고갱은 특유의 강인함으로 현실의 어려움을 예술로 승화시켰고 순수성과 원시성을 화폭에 그려 넣으며 새로운 예술가로서의 힘을 되찾았다. 우리의 삶도 역시 힘들다. 그러나 예술가들의 발자취는 비록 구체적인 가르침은 아닐지라도 우리 마음 깊은 곳 어디엔가에 삶의 태도를 어떻게 변화시켜야 하는지에 대한 울림을 주는 것 같다. 삶의 괴로움은 피함으로써 극복하는 것이 아니라 내가 서 있는 위치를 옮김으로써 그것을 다른 시선으로 바라볼 때 진정으로 회복되는 것이 아닐까 생각해본다.

카네이션, 백합, 백합, 장미 존 싱어 사전트

낙타와 사자와 어린아이의 비유는 단순한 동화적 설정이 아니다.

존 싱어 사전트(1856~1925)-카네이션, 백합, 백합, 장미

존 싱어 사전트는 이탈리아의 피렌체에서 부유한 미국인 부모 밑에서 태어났다. 금수저 출신이면서 그림 실력이 워낙 출중해 20대 초반에 이미 파리 미술계에 이름을 알리기 시작한다. 수년을 공들여 그린 〈엘 할레오〉라는 작품으로 불과 스물여섯의 나이에 살롱전에 입선한다. 부모가 모두 미국인이었던 그가 프랑스 정부 주최의 전시에서 입선한 것은 분명 이례적인 일이며 이는 프랑스 화단이 그를 뛰어난 신인 화가로 인정했음을 보여주는 사건이었다. 특히 초상화는 인기가 좋아서 사전트는 영국의 귀족이나 백만장자들은 물론이고 미국의 대통령이었던 윌슨과 루스벨트의 초상화를 그리기도 했으며, 당시의 유명인사들은 그가 그린 초상화를 받기 위해 오랜 시간을 기다려야 했다고 전해진다. 위의 그림은 1886년 영국에서 그린 〈카네이션, 백합, 백합, 장미〉라는 제목의 그림인데, 개인적으로 아이를 모델로 그린 그림 중에서는 최고의 작품이라 생각한다.

1882년, 〈엘 할레오〉로 화려하게 화단에 데뷔한 그는, 불과 2년 후 한 장의 초상화로 곤경에 빠진다. 나이 많은 프랑스 은행가와 결혼한 스물다섯의 젊은 부인인 버지니에 고트로의 초상화를 그리게 되었는데, 그녀는 뛰어난 미모와 바람기로 파리의 사교계에서 꽤 유명한 인물이었다. 문제는 이 초상화가 살롱에 걸리고 난 후 생겨났다. 비평가들이 혹독하게 저질스러운 그림으로 몰아붙였던 것이었다. 그들은 주인공의 지나치게 흰 피부와 드레스의 어깨끈이 밑으로 흘러내린 것을 트집 잡았다. "호러: 살아있는 육체보다 죽은 시체를 닮았다."는 평까지 나오면서 급기야 그림의 주인공마저 그림의 인수를 거부해버리자 그는 급히 어깨끈을 그려 넣으면서까지 사태를 수습하려 했다. 그러나 그런 미봉책으로 스캔들을 잠재울 수는 없었고, 결국 영국으로 피신을 떠나야만 했다. 화가로서의 경력이 무너질 수 있는 위기의 순간이었다.

프랑스에서의 혹평과 조롱으로 도망치듯 도착한 영국이었지만 사전트는 〈카네이션, 백합, 백합, 장미〉를 발표하며 화가로서의 재기에 성공한다. 런던 테이트갤러리에서 이 그림을 구매한 것이 알려져 그에 대한 평가가 달라졌으며 차차 그의 전매특허인 초상화의 작가로서 미국과 유럽 전역에 새로이 이름을 날리게 된다. 그림을 보자. 어스름한 저녁 무렵 아이들 둘이 연등에 불을 밝히고 있다. 소녀들의 표정은 진지하기 그지없으며 저녁의 어둠을 밝게 밝히는 등을 켜는 데 열중하고 있다. 밤이 서서히 찾아들기 시작하는 시간의 파르스름한 대지의 빛과 더불어 밝혀진 등의 따스한 빛이 화면을 몽환적으로 보이게 한다. 사전트는 이 그림을 저녁노을이 질 무렵인 하루 중의 10분 정도에만 그렸다고 한다. 그 때문인지 이 그림을 완성하는 데 2년이라는 시간이 걸렸다고 하니 사전트의 그림에 대한 집념과 열정을 짐작할 수 있을 것 같다. 모델이었던 그의 딸도 아빠 때문에 고생을 많이 했을 것 같다.

아이들은 천진난만하다. 그들은 어른들 혹은 다른 누구의 규칙을 따르지 않는다. 그러면서도 아이들은 그들만의 규칙을 창조한다. 그리고 놀이를 즐긴다. 그런 어린아이를 존재의 가장 높은 곳에 올려둔 철학자가 바로 프리드리히 니체이다. 이 그림에는 세상의 규칙이나 도덕 또는 선도 악도 없어 보인다. 사회의 가치나 규범은 이 그림에서 보이지 않는다. 니체는 위버멘쉬를 설명하며 비유를 들었는데, 인간의 정신이 3가지 단계로 변화한다고 이야기한다.

낙타, 사자, 어린아이

첫 번째는 낙타의 단계이다. 낙타는 주인에 대한 복종 혹은 순종을 의미하는데 주인에게 자신의 강인함을 내보이고 주인을 위하는 마음을 증명하고자 많은 짐이 자신의 등에 실리기를 바란다. 무릎을 꿇어 짐이 실리기를 기다리며 주인을 비판하지 않는다. 낙타는 겁이 많고 주인은 그에게 신과 같은 존재이기 때문에 주인의 도덕과 가치를 조건 없이, 비판 없이 받아들인다.

두 번째는 사자의 단계이다. 사자는 자유를 쟁취하고자 하는 강한 욕망을 가지고 자신이 사막을 다스리는 주인이 되고자 한다. 이전에는(낙타의 단계에서는) 주인의 말을 무조건 받아들이고 순종했지만 사자는 자신의 의지로 움직인다. 사자는 도덕과 가치를 행하는 규범을 스스로 선택하며 다른 동물들을 그 규범에 따르도록 하며 만약 자신의 권리나 자유를 침해당하게 된다면 이빨을 드러내며 적을 위협하거나 날카로운 발톱으로 제압해 버린다. 그러나 바로 그래서 사자는 다른 이들과 친하지 못하고, 고독하기도 하다.

마지막 세 번째는 바로 아이의 단계이다. 니체는 우리에게 아이처럼 되어야 한다고 이야기한다. 매 순간을 즐기고, 나쁜 일도 금방 잊어버리는 순수함을 지니고 있으며, 스스로 어떤 놀이도 창조할 수 있고, 누구와도 금방 친구가 된다. 아이는 어딘가에도 구속되지 않고 오로지 자신의 모습을 통해 삶을 이끌어 나가고 자신의 도덕규범과 선악의 기준을 타인에게 의지하지 않고 스스로 판단하고 행한다.

> **"어린아이는 순진무구이며 망각이며 새로운 출발, 유희, 저절로 굴러가는 바퀴, 최초의 움직임, 성스러운 긍정이다. 창조의 유희를 위해 성스러운 긍정이 필요하다."** 『차라투스트라는 이렇게 말했다』

니체의 이 비유가 사전트의 그림과 같이 머리에 떠오른다. 아이들을 그린 그림이 많지만, 특히 이 그림이 생각나는 것은 세속적인 규칙에 속하지 않고 자신들의 놀이에 열중하는 순수한 아이들의 순간을 화가가 너무나 아름답게 포착했기 때문이다.

타인의 도덕

톨스토이는 '행복의 얼굴은 하나이지만 불행의 얼굴은 불행한 사람의 수만큼이나 많다.'라고 그의 소설의 서두에 적었지만, 진료실에서 환자들과 이야기를 하다 보면 불행의 얼굴도 서로 많이 닮아있음을 알 수 있다. 산부인과 의원을 운영하다 보니 주 환자층은 중년여성이다. 남성 중심적인 한국사회의 그림자이겠지만, 내가 마주친 환자들의 불행은 대부분 남성으로 대변되는 사회가 강요하는 '타인의 도덕'을 여성들이 너무 충실히 따르다가 관계에서 버려지거나 소진 증후군을 맞이하는 경우였다. 그녀도 그런 환자였다. 그녀는 구청에서 꽤 높은 직급의 공무원이었다. 반복되는 생식기 염증으로 치료법을 모르겠다고 하소연하는 그녀에게, 염증은 완치가 없으며, 감기처럼 평생 재발과 완화를 반복할 것이며, 평소의 컨디션 관리를 통한 면역력 강화가 중요하다고 여느 환자들에게 하는 말과 다름없이 대답했다. 그녀는 또 다른 증상으로 수면장애를 호소했고 나는 수면장애 역시 오랜 기간 쌓인 스트레스나 억눌린 감정 같은 것들의 분출일 수 있다고 했다. 그때 그녀의 얼굴이 살짝 일그러졌다.

그녀의 아버지는 변호사였고 어머니는 중등 교사였다. 무남독녀인 그녀는 부모님의 사랑을 한 몸에 받고 자랐다. 누가 봐도 부러운 집안의 자식이었지만 그녀는 사랑과 함께 기대 역시 과하게 받았다. 부모님은 그녀가 법관이 되길 원했다. 그녀는 사춘기를 겪지 못했다고 했고 본인의 학창 시절을 '특별한 일은 없었지만 답답한 불덩이 같은 것이 가슴에 꽉 차 있었던 시기'였다고 표현했다. 그녀는 반항하거나 화내는 법을 잘 알지 못했다. 그래서였는지 남편에게 여자가 생겼을 때도 큰소리 한 번 내지 않았고, 자신의 아이가 사춘기를 보내며 자신에게 쌍욕을 했을 때도 못 들은 척하며 아무렇지 않게 넘어갔다. 그녀는 자신이 화를 내서 집안이 시끄러워지는 것이 싫었다. 엄마한테 가정의 평화는 여자가 하기 나름이라고 어릴 때부터 이야기를 들어서였을까? 그녀는 집이 시끄러워지는 것을 싫어했다. 성적은 좋았지만 부모님이 바라던 사법시험에는 번번이 떨어졌다. 그녀의 표현으로는 시험의 마지막 순간에 무언가가 집중력을 흐트러트려 2차 시험에서 계속 실패했다고 했다. 무의식이 시킨 소심한 저항이었을까? 짐작뿐이지만 결국 공무원 시험에 합격했다.

낡은 서판과 새로운 서판

우리는 살면서 많은 도덕적인 문제들과 마주친다. 우리는 도덕을 따르기도 하고, 가끔은 도덕적인 요구를 무시하기도 하고, 혹은 어떤 판단이 더 도덕적인지에 대한 대답을 찾기 위해 노력하기도 한다. 그러다 보면, 도덕적으로 산다는 것이 만만한 일이 아님을 알게 된다. 그리고 종종 타인에게 도덕적인 것을 요구한다는 것이 꽤 폭력적인 행동임을 깨우칠 때도 있다. (레미제라블의 장발장을 생각해보자.) 니체는 도덕의 문제에 깊이 천착했다. 먼저 니체가 제기한 문제의식은 '도덕의 가치는 정말 절대적인가?'였다.

> "저마다의 민족 위에는 저마다의 가치를 기록해 둔 서판이 걸려 있다. 보라, 그것은 저마다의 민족이 극복해낸 것들을 기록해 둔 서판이니. 보라, 그것은 저마다의 민족이 지닌 힘에의 의지의 목소리이니. 가상히 여길만한 것, 그것은 저마다의 민족에게 힘겨운 것으로 여겨지는 것을 두고 하는 말이다. -중략- 이와 같은 것이 그 민족에게는 숭고한 것, 첫 번째의 것, 척도이자 만물의 존재 의미로 간주하고 있다. 이렇듯 사람들은 그들 자신에게 일체의 선과 악을 부여해왔다. 선과 악, 실로 그것들은 저들이 어느 누구로부터 받아들인 것도, 스스로 찾아낸 것도 아니며, 하늘의 음성으로서 하늘에서 떨어진 것도 아니다. 사람들은 그 자신을 보존하기 위해 무엇보다도 먼저 사물들에 가치를 부여해왔다. 먼저 사물들에 그 의미를, 일종의 인간적 의미를 부여했던 것이다!"

선악의 저편

니체는 우선 플라톤과 아리스토텔레스의 도덕에서 출발한 칸트의 의무적 도덕론까지 서양철학 전반을 꿰뚫고 흐르는 절대적인 도덕론에 의문을 제기한다. 도덕은 인간의 삶의 조건에 따라 조건 지어지고 변화하는 상대적인 것이며, 삶의 필요에 따라 요청되는 것이지 시공을 초월하는 초월적인 도덕을 내세우는 것은 옳지 않다. 이런 도덕에 '선'이라는 이름을 부여하여 절대적인 가치를 부여하는 것은 불합리하며 오히려 인간의 삶을 왜곡시키거나 퇴락시킬 수 있다고 보는 것이다. 그렇게 가치를 기록해둔 '서판'은 민족마다 다를 수밖에 없고 민족마다 '스스로' 찾아낸 가치의 기록이라는 이야기이다. 그래서 선악을 이분법적으로 구분하고 그것의 가치를 영구적인 '기준'으로 만들어버리는 기존 전통 철학의 '형이상학적 이분법'(예를 들어 천국과 지옥, 선인과 악인, 천사와 악마)에 대한 전면적인 비판을 감행한다.

> "선과 악이라고 불리는 진부한 망상이 있다. 지금까지 예언가와 점성술사의 둘레를 맴돈 것도 이 망상의 바퀴였다. 오, 형제들이여, 지금까지 별과 미래에 대한 것은 망상이었을 뿐 실제 알려진 것은 아무것도 없다. 마찬가지로 선과 악에 대한 것도 지금까지 망상일 뿐 실제 알려진 것은 아무것도 없다!"

성경에 쓰여 있는 선악과, 논어에 쓰인 옳고 그름이 절대적으로 옳은 것은 아니다. 하느님의 세계나 유가 사상이 충만한 세계를 건설하는 것은 관념 속에서나 가능하지 현실에서는 불가능하다. 우리에게 소중한 세상은 그러한 가상의 세계가 아닌, 내가 사는 지금 그리고 여기 있는 이 세상이다. 이러한 절대적인 도덕률을 경계해야 하는 이유는, 스스로 선의 편에 서 있다고 믿는 무리의 인간들이 다른 편의 인간들에게 증오의 시선을 보내거나 폭력을 행사할 명분으로 삼기 때문이고, 더 나쁘게는 그러한 폭력이 권력자의 입맛에 맞게 세상이 굴러가게 만드는 권력의 수단으로 작동하기 때문이다. 더 나아가서는 절대적이라고 상정된 세계가 실재하는 우리의 세상을 폄하하고, 이상적인 세상만을 믿고 따르기를 강요하기 때문이다.

'절대적 도덕'이 '진부한 망상'인 것은 바로 이러한 이유 때문이다. 이런 망상이 현실화될 때 역사나 사회는 비극에 노출된다. 악을 섬멸하자는 슬로건 아래 천 년 전에는 십자군 전쟁이라는 이름의 살육이 자행되었고 불과 백 년도 되지 않은 과거에는 수많은 유대인이 악의 누명을 쓰고 아우슈비츠에서 죽어가야 했다. 물론 이런 대량학살의 배후에 나치의 권력을 유지하고 강화하려는 정치 권력의 음모가 숨어있었음은 주지의 사실이다. 자라나는 아이들 역시 어른들의 이런 습속을 배운다. 교실 안에서 역시 더러운 것, 나쁜 것으로 낙인찍히는 아이들이 생긴다. 그 이유는 다양하다. 약해 보인다거나 말을 더듬거나 혹은 시골에서 전학을 오거나. 그리고 다수의 아이들에게 낙인찍힌 소수의 아이들은 폭력을 행사 당한다.

주인의 도덕, 노예의 도덕

그래서 니체는 선악의 가치를 무작정 믿고 따르는 대신 선악의 절대적인 가치는 '왜' 그리고 '누구에 의해' 절대적인 것으로 치켜세워지고 믿어지고 유지되는지에 대해 고발하고 그것의 배후에 그 이념을 조종하는 '권력'의 음모를 노출한다. 니체는 도덕을 좋은 것과 나쁜 것으로 나눈다. 좋은 것은 힘의 느낌이 있고 인간 안에서 힘의 의지를 증대시키는 도덕이다. 나쁜 것은 힘의 의지를 꺾는 도덕, 복종과 약함을 불러오는 도덕이다. 이렇게 힘이 증대되는 느낌이나 세상의 저항이 극복되는 느낌에서 인간은 행복을 느낀다. 이러한 도덕을 '주인의 도덕'이라 한다. 주인의 도덕은 자기 자신을 긍정하고 스스로 도덕의 가치를 결정한다. 그렇다면 아무나 스스로 편한 대로 가치를 만들어버리면 내용이 어떻든 주인의 도덕이라 불릴 수 있을까? 물론 아니다. 니체는 그러한 보편성을 담보하지 못한 조악한 도덕을 '경멸적인 것'이라 불렀다. 그렇다면 '노예의 도덕'은 무엇일까? 노예의 도덕은 주로 복수심이나 원한(주로 악에 대한) 같은 외부적인 것에 의해 만들어진다. 그리고 가치를 스스로 만들지 않고 타인이 만든 도덕률에 복종한다.

그녀의 잘못은 낙타의 삶을 살았다는 것이다. 사실 우리 대부분은 그렇게 살아간다. 항상 기존의 관습과 구태에 저항하고 살 수 없으며 그러한 삶이 옳지도 않을 것이다. 그러나 비판의 시각을 잃어버리고 타인이 지정해 놓은 관습에 매몰된 삶을 살다가는 종종 그녀처럼 뒤통수를 맞는다. 나의 생을 공허와 무의미에서 구제하려면 일차적으로는 책임과 성실이 필요하지만, 그와 더불어 견지해야 하는 비판의 시각 역시 필수적이다. 그녀는 삶에 누구보다 충실했고 근면하고 성실했으며 책임감 있는 태도를 내내 버리지 않았다. 그러나 지금 그녀의 내면은 공허하기 짝이 없다. 그런데 그녀의 의식은 공허를 받아들이지 않는다. 누구보다도 열심히 살았는데 인정하려니 억울한 것이다. 마음은 힘든데 난 안 아프다고, 그럴 리가 없다고 생각한다.

그녀는 타인에게 누가 되더라도 자신의 힘의 의지에서 나오는 목소리를 따랐어야 했다. 무엇을 하거나 하지 말아야 하는 판단 기준은 언제나 그녀의 부모나 남편 또는 그녀의 아이들이었다. 그녀 자신이 아니라 외부에 있었다. 그녀는 좋은 자식이고 좋은 아내이자 좋은 엄마이지만 정작 자신에게는 좋지 못한 사람이었다. 자발적으로 자신의 힘을 꺾었고 스스로 약해졌으며 다른 이들의 요구에 순종하고 살았다. 니체식으로 이야기한다면 노예의 도덕을 충실히 따른 것이다. 증상들은 그것에 대한 대가이다.

그녀를 그렇게 몰아붙이는 것이 좀 매몰차게 느껴지기는 하지만 그녀는 근대의 산물인 가족주의와 남성중심주의가 규정적이었던(지금도 꽤 그러하지만) 한국사회의 도덕률을 비판 없이 내면화시켰다. 즉 외부에 존재하는 도덕을 따르며 스스로 욕망을 표현하지 않았으며 그에 맞는 도덕률을 창조하지 못했다. 사실 이는 관계를 중요시하는 한국 사회에서 우리 대부분이 가진 공통분모일 것이다. 옳다고 판단해서 무언가를 건의했을 때 돌아오는 '당돌하고 건방지다, 혹은 잘난척한다, 아직 뭘 몰라서 저런다.' 같은 비아냥과 조롱을 모두 경험했을 것이다.

도덕은 사회의 질서를 유지하고 효율적인 작동을 위한 최소한의 장치여야 한다. 교조적으로 강하게 강조되는 도덕은 사회의 작동에 필수적이라서가 아닌 권력자의 입맛에 맞게 만들어진 것이 대부분이다. 중세의 기독교나 조선 시대의 유교나 유신 시대의 국가보안법이 강조하는 금지를 생각해보라. 금지가 강하고 처벌이 가혹할수록 그곳에는 권력자의 이해가 관철되고 있다. 정치적으로 미성숙한 국가일수록 금지가 강하고 처벌은 가혹하다. 국가든 회사든 질서정연하고 갈등이 드러나지 않는 상태로 조용하게 잘 유지된다면 그건 분명히 누군가가 그 질서를 위해서 저항 없이 착취를 당하고 있음을 의미한다. 과거 한국 사회의 발전은 여성과 노동자에 대한 착취와 복종에 대한 강요로 가능했다. 그녀는 그러한 시스템의 자발적인 피착취자 중의 하나이다.

어린아이

다시 사전트의 그림을 보자. 아이들은 세상의 규칙을 잊어버렸다. 일찍 들어오라는 엄마의 말도, 내일 선생님께 내야 하는 숙제도, 옷을 버리면 혼난다는 엄마의 잔소리도 전혀 염두에 두지 않는다. 단지 불씨를 심지에 무사히 옮기는 것에 집중하고 있을 뿐이다. 곧 불씨가 무사히 심지에 옮겨붙고 등이 환하게 밝혀지면 아이의 웃는 얼굴도 환하게 밝아질 것이다. 아이에게는 고정된 규칙이 없다. 주위에 무엇이 있느냐에 따라 스스로 할 일을 결정하고, 금방 그 일에 집중한다. 니체는 누구보다 아이들을 잘 알았다. 니체는 위버멘쉬로 이르는 단계를 낙타, 사자, 어린아이의 세 단계로 나누었다. 물론 인간의 정신이 이렇게 단계적으로 발전하는 것은 아니다. 낙타도, 사자도, 어린아이도 모두 우리 안에 동시에 존재하고 있다. 다만 어느 것이 더 규정적이냐의 차이는 있을 것이다.

그녀에게 자신이 하고 싶은 일이 있다면 무엇이든 해보라고 조언했다. 해야 하는 일 말고. 그녀는 학생 때 그림 그리기를 좋아했다며 일을 마치고 들를 수 있는 직장인 화실을 찾아보겠다고 했다. 그리고 남들이 그것이 맞다고 해도 본인이 내키지 않는 일은 과감히 거절하라고 조언했다. 그녀는 앞으로 명절 때 시댁에 가지 않고, 밤늦게 남편 친구들을 위해 술상을 차리지 않겠다고 했다.

한 달에 두 번은 주말에 남편을 골프장에 안 보내겠다고 했다. 예상대로 그녀의 계획에는 남편이나 시댁과 관련된 일들이 많았다. 외부의 도덕은 우리에게 '낙타 되기'를 강요한다. 그들은 그런 길들이기를 통해 자신의 권력을 유지 시키는 이는 '사자'들이다.

낙타와 사자와 아이는 우리 모두에게 함께 깃들여져 있다. 그러나 어떤 존재를 깨워낼지, 어떤 존재를 잠재울지는 우리의 몫이다. 규칙을 지키는 자, 규칙을 만드는 자, 규칙에 초연한 자 중에서 무엇을 나의 정신에 길러낼 것인가?

사전트의 다른 그림 엿보기

〈엘 할레오〉(1882)

숨이 막힐 만큼 아름다운 이 작품은 사전트를 단시간에 유명하게 만든 그림으로 그는 3년이라는 긴 시간 동안 이 작품에 공을 들였다고 한다. 그리고 살롱전에 외국인이라는 핸디캡을 극복하고 당당히 입선함으로써 스물여섯의 나이에 파리의 꽤 유명한 화가가 된다. 할레오라는 말은 일종의 추임새이다. 판소리의 '얼쑤'와 비슷하다. 제목처럼 그림에서 소리가 흘러나온다. 기타와 타악기를 연주하는 악단이 무아지경에 빠진 듯 악기에 머리를 묻고 있거나 고개를 하늘로 들고 있다. 짝, 짝, 박수 소리가 리듬에 맞춰 들리고 발 구르는 소리도 들린다. 음악과 춤은 의식의 흐름을 멈추게 한다. 흥에 빠져들수록 음악과 춤과 소리는 박자와 리듬으로 분절되지 않은 원형의 에너지가 되어 무대와 객석에 있는 모두를 열정으로 인도한다. 카타르시스의 순간이다. 그는 전면에 있는 조명을 이용하여 댄서의 치맛자락을 화려하게 연출하였고 벽의 그림자를 이용해서 효과를 더욱 극대화했다. 이 그림의 크기는 3.5*2.3 미터이다. 절정의 순간은 그러한 장치들에 의해 고조된다.

춤을 춘다는 행위는 묘한 면이 있다. 고대로부터 인간은 음악에 맞추어 집단으로 춤을 추었다. 춤은 자연의 두려움을 잊을 수 있게 했고, 질병을 치료하는 기도였고, 부족을 단합시키는 통치행위이기도 했다. 춤을 추는 능력이 뛰어난 무당들은 부족민들을 집단적인 엑스터시 상태로 만들면서 권력을 유지했다. 또한, 루이 14세는 열다섯의 나이에 〈밤의 발레〉라는 작품에서 주인공의 태양신 아폴론의 역할을 맡았는데 그 때문에 태양신이라는 호칭이 붙었다. 춤은 환각효과 때문에 가끔 통증을 잊게 하는 마취제의 역할도 하는데, 군에서 고공 점프 직전에 체조를 하거나 원시 부족들이 불 위를 걸을 때 집단으로 춤을 추는 것이 그러한 예이다.

무아지경에 빠진다는 것은 의식을 거부하는 상태이다. 그러한 무의식에 가까운 상태를 일상에서 경험하기는 어렵다. 음악과 춤이 예술의 장르에 속하는 것은 무의식에의 접근을 통해 우리에게 일상의 억압과 고통을 해소하는 역할을 하기 때문이다. 그러나 같은 이유로 춤은 경박하고 저급한 문화로 인식되기도 한다. 근대의 이성 중심의 사유는 의식이 사라진 상태의 해방감이나 카타르시스의 상태를 혼돈이나 질 낮은 쾌락으로 간주하여 배척하고 무시했다. 이러한 시각은 꽤 오랜 기간 서구의 지성을 지배했으며 물론 지금까지도 사라지지 않고 있다. 무의식의 영역에 대한 담론들이 점차 확산되며 이러한 비이성에 관한 편견은 조금씩 사라지고 있기는 하다. 〈엘 할레오〉는 회화적인 아름다움은 물론이고 음악이 주는 해방감까지 뛰어난 솜씨로 관람자에게 전달한다. 공감각적 체험은 이런 것이 아닐까?

〈에드워드 달리 보이트의 딸들〉(1882)

사전트의 열혈 애호가이자 후원자인 미국인 에드워드 보이트가 가족들을 데리고 프랑스에 왔다. 보이트와 아내는 파리 시내를 구경하러 나간 것 같고, 그가 임대한 아파트에 네 딸이 남겨져 사전트의 모델이 되었다. 맨 앞의 천진난만해 보이는 아이가 네 살의 줄리아, 왼쪽에서 정면을 응시하는 아이가 8세의 루이자이고, 14살인 첫째인 플로렌스와 12살의 둘째인 제인은 화면 뒤쪽에 서 있다. 막내는 아무것도 의식하지 않은 채 인형을 가지고 놀고 있지만 셋째는 화가를 뚫어지라 응시한다. 이미 타인의 시선을 알아채는 나이이다. 그리고 화가의 시선에 화답해야 한다는 의무감이라도 있는 것처럼 화가를 보고 있다. 큰 아이들(첫째와 둘째)은 화병에 기대어 딴청을 피우거나 화가를 쳐다보기는 하지만 시큰둥하다. 거리상으로도 화가와 가장 멀리 떨어져 있는 이 눈은 명절 가족 모임에서 스마트폰만 쳐다보고 있는 사춘기 아이들을 닮았다.

사전트의 이 그림은 여성의 성장 과정에 대해 생각하게 한다. 아주 어린 나이에는 타인의(혹은 남자의) 시선을 아랑곳하지 않는다. 마음껏 놀다가 타인의 시선을 잠시 의식하지만 금방 자기가 하던 놀이에 열중한다. 조금 더 자라면 아이는 타인의 시선을 의식하고 그 시선의 응대에 충실하다. 진지하게 쳐다보며 무슨 말이라도 건네려는 듯 혹은 무슨 이야기를 할까 기다렸다가 대답해 줄 요량으로 상대에 집중하는 표정이다. 상대가 보내는 시선의 의미를 궁금해한다. 그러다 사춘기가 되면 타인이 보내는 시선의 의미를 알고 그 시선의 대상인 자신에 대해서도 알게 된다. 큰 아이들은 시선을 즐기거나 혹은 따분해하는데 둘 다 시선을 의식한다는 점에서는 같다. 단지 시선을 처리하는 방식이 환대냐 무시냐로 갈라질 뿐이다. 여성은 이렇게 자신의 시선을 어디에 둘 것인가를 배우지 않고 남자의 시선에 어떻게 반응해야 하는가를 먼저 배운다. 이 그림에서는 화가의 남성 중심적 시선이 느껴진다. 이러한 성차에 관한 위계적인 시선은 21세기인 지금도 광범위하고 공공연하게 만들어지고 있다. 그러한 점을 염두에 두고 사전트가 이 그림을 그렸는지는 알 수 없지만 네 명의 아이가 나오는 이 그림을 볼 때마다 남성 중심적인 사회에서 '여성으로 성장해 가는 것'이 무엇인가 하는 생각이 들고는 한다. 지나친 해석일까?

마치는 말

우리의 일상은 만만하지 않다. 아침에 일어나서 출근 준비를 하고, 하루에 해야 할 루틴의 일감을 처리하고, 저녁 식사 후 잠시 휴식의 시간을 가진 뒤에 잠자리에 든다. 대부분 우리는 그런 일상이 일생이다. 그러한 나의 삶은 통시적으로 보면 기나긴 인류의 역사에서 티끌만큼의 중요성도 없는, 있으나 마나 한 인생이나. 그래서 우리는 삶에서 돈이든, 성공이든, 가족이든 의미를 두려고 애쓰고, 찾는다. 그런 욕망의 대상이 있어서 우리는 살아갈 수 있다. 그런데 우리에게 의미가 되는 욕망은 누가 정해주는 것일까?

인간은 나의 것이 아닌 욕망을 나의 것으로 오인하고 살아간다는 것이 라캉의 생각이다. 그리고 그 욕망을 충족시키며 일상의 허무를 메우며 살아간다. 남들이 잘 버는 돈을 많이 벌어야지. 남들이 욕심내는 잘생긴 남자나 예쁜 여자를 애인으로 둬야지. 남들이 좋은 대학에 많이 보낸다는 학군의 아파트로 애들 더 크기 전에 이사 가야지. 남들이 부러워하는 부잣집 애인이랑 결혼해야지. 열심히 운동해서 남들이 부러워하는 몸매를 만들어야지. 저 정당이 가난하고 힘없는 이들을 위한 정책을 많이 만든다고 남들이 이야기하니 저 당만 지지해야지. 우리 교회 목사님이 말씀하시는 그대로 살아야지. 저 브랜드가 요즘 핫하다니 월급 받으면 일단 사야지. 그러던 어느 날 나의 내면의 목소리가 속삭인다. "이게 네가 원하는 너의 삶이 맞는 거니?" 자아는 흔들린다. 그럴 때 "당연히 이게 맞아, 맞아. 딴소리 자꾸 하지 마." 하며 이 목소리를 억누르는 이도 있을 것이고 이 내면의 목소리에 귀 기울이는 이도 있을 것이다.

타인의 목소리를 따라 사는 삶은 대부분 보람도 있고 성취도도 높은 삶이다. 사회에서 인정받고 스스로 생각해도 최선을 다한 만족스러운 삶일 가능성이 크다. 오히려 내면의 고유한 목소리를 따르려는 이들은 사회에서 별종으로 평가받거나 심하면 차별이나 배제의 대상으로 전락하기도 한다. 그런데 왜 하이데거는 불안을 따르라고 했고 니체는 몰락을 찬양했고 라캉은 '정상'이 아닌 '증상'에 주체의 진리가 있다고 했을까? 대답은 간단하지 않다. 대신 간접적인 대답은 이렇다. 예술가들은 광기의 시간에 일생에서 가장 아름다운 예술품을 남겼다. 우리의 일생에서 가장 아름다운 시간은 사랑이라는 비정상적인 상황에 던져졌을 때이다. 아름다운 음악을 들을 때 우리는 의식을 멀리 밀어놓는다.

라캉에 의하면 우리는 자신의 욕망에 온전히 다다를 수 없다. 그런 완전한 인간은 존재할 수 없다. 그러나 어느 정도 다른 이들보다 가까이 갈 수는 있다. 사람은 태어난 후 타인의 욕망을 따름으로써 우리는 비로소 사회의 일원이 된다. 타인의 욕망을 따르는 것은 꼭 필요한 과정이다. 그렇게 우리는 타인의 욕망을 나의 것으로 내면화시켜 따라하기를 좋아하기 때문에 어느 것이 타인의 욕망인지 어느 것이 고유한 나의 것인지 구별하기가 매우 어렵다. 그렇다면 나의 온전한 욕망에 가까이 다가가기 위해서는 뭘 해야 할까? 일단 자아의 위치를 옮겨 나의 욕망을 거리를 두고 바라보면 어떨까? 서는 위치가 달라지면 보이는 풍경이 달라진다고 하지 않나. 다음은 타인의 이식된 욕망을 버릴 수 있는 용기를 가져보는 것이다. 아주 단순화시킨다면 해야만 하는 것은 줄이고 하고 싶은 것을 늘이는 것만도 도움이 될 것이다. 타인은 지옥이다. 맞는 말이다. 하지만 인간이 인간답게 살기 위해 꼭 필요한 지옥이다. 단독적인 삶이란 그 지옥에서 아주 조금씩이나마 빠져나오는 삶이다. 심우도를 떠올려보자. 어렵겠지만 소를 잃어버렸다는 사실을 아는 것부터가 시작이 될 수 있을 것이다.

나는 왜 불안한가

– 세 평 진료실에서 철학 숲과 미술 정원을 산책하다

발행일 1쇄 2021년 7월 30일

지은이 주응식

펴낸이 여국동

펴낸곳 도서출판 인간사랑

출판등록 1983. 1. 26. 제일 – 3호

주소 경기도 고양시 일산동구 백석로 108번길 60 – 5 2층

물류센타 경기도 고양시 일산동구 문원길 13 – 34(문봉동)

전화 031)901 – 8144(대표) | 031)907 – 2003(영업부)

팩스 031)905 – 5815

전자우편 igsr@naver.com

페이스북 http://www.facebook.com/igsrpub

블로그 http://blog.naver.com/igsr

인쇄 인성인쇄 **출력** 현대미디어 **종이** 세원지업사

ISBN 978 – 89 – 7418 – 851 – 1 03100

* 책값은 뒤표지에 있습니다. * 잘못된 책은 바꿔드립니다.